ETNOGRAFIA DA PRÁTICA ESCOLAR

SÉRIE PRÁTICA PEDAGÓGICA

O universo da produção intelectual na área pedagógica, no Brasil, ainda carece de material didático que subsidie o trabalho dos professores de 2º grau e de ensino superior no exercício de sua atividade docente.

A Série Prática Pedagógica tem exatamente o objetivo de oferecer a esse professor textos que sirvam como fontes de referência para o desenvolvimento de sua prática no contexto da sala de aula e dos "laboratórios de pesquisa". Pretende-se atuar na perspectiva da formação pedagógica do professor em suas dimensões de consumidor e construtor do saber na área pedagógica.

A série envolve dois conjuntos básicos de publicações estreitamente relacionados: textos sobre a prática do ensino e textos sobre a prática da pesquisa. Completarão a coleção textos de leitura sobre o ensino e a pesquisa na área pedagógica, envolvendo tradução inédita e reedição de textos literários.

Cada publicação contempla questões relacionadas aos fundamentos e à prática em diferentes áreas do saber pedagógico no âmbito do ensino e em diferentes formas de investigação, no âmbito da pesquisa.

Os autores das publicações, além de reconhecidas contribuições na área, apresentam propostas diferenciadas de ensino e de pesquisa e, na medida do possível, representam diferentes regiões do país.

Maria Rita Neto Sales Oliveira
Marli Eliza Dalmazo Afonso de André
Coordenadoras da série

MARLI ELIZA DALMAZO AFONSO DE ANDRÉ

ETNOGRAFIA DA PRÁTICA ESCOLAR

PAPIRUS EDITORA

Capa	Fernando Cornacchia
Foto de capa	Rennato Testa
Copidesque	Lúcia Helena Lahoz Morelli
Revisão	Aurea Guedes de Tullio Vasconcelos e Cristiane Rufeisen Scanavini

Dados Internacionais de Catalogação na Publicação (CIP)
(Câmara Brasileira do Livro, SP, Brasil)

André, Marli Eliza Dalmazo Afonso de
 Etnografia da prática escolar/Marli Eliza Dalmazo Afonso de André. – 18ª ed. – Campinas, SP: Papirus, 2012. – (Série Prática Pedagógica)

Bibliografia.
ISBN 978-85-308-0376-6

1. Etnologia 2. Pesquisa educacional 3. Prática de ensino I. Títul II. Série.

12-09631   CDD-371.3

Índice para catálogo sistemático:
1. Prática escolar: Educação   371.3

18ª Edição – 2012
11ª Reimpressão – 2025
Tiragem: 80 exs.

Exceto no caso de citações, a grafia deste livro está atualizada segundo o Acordo Ortográfico da Língua Portuguesa adotado no Brasil a partir de 2009.	Proibida a reprodução total ou parcial da obra de acordo com a lei 9.610/98. Editora afiliada à Associação Brasileira dos Direitos Reprográficos (ABDR). DIREITOS RESERVADOS PARA A LÍNGUA PORTUGUESA: © M.R. Cornacchia Editora Ltda. – Papirus Editora R. Barata Ribeiro, 79, sala 316 – CEP 13023-0 – Vila Itapura Fone: (19) 3790-1300 – Campinas – São Paulo – Brasil E-mail: editora@papirus.com.br – www.papirus.com.br

SUMÁRIO

INTRODUÇÃO 7

PARTE I
FUNDAMENTOS DA PESQUISA ETNOGRÁFICA

1. A ABORDAGEM QUALITATIVA DE PESQUISA 15
   Raízes históricas e fundamentos da abordagem qualitativa 16
   Sobre o conceito de pesquisa qualitativa 22
   Para além da dicotomia qualitativo-quantitativo 24

2. DIFERENTES TIPOS DE PESQUISA QUALITATIVA 27
   Pesquisa do tipo etnográfico 27
   Estudo de caso 30
   Pesquisação 31

3. ETNOGRAFIA E O ESTUDO DA PRÁTICA ESCOLAR COTIDIANA 35
   O traçado histórico da etnografia em educação 36
   *Razões para o uso da etnografia no estudo
   da prática escolar cotidiana* 41
   Dimensões no estudo da prática escolar cotidiana 42
   *Principais problemas nos estudos sobre
   a prática escolar cotidiana* 44

4. O ESTUDO DE CASO ETNOGRÁFICO — 49
    Quando e para que usar o estudo de caso etnográfico — 50
    Vantagens e limites do estudo de caso etnográfico — 52
    Validade, fidedignidade e generalização no estudo de caso etnográfico — 55
    Qualidades do pesquisador — 58

PARTE II
A PRÁTICA DA PESQUISA ETNOGRÁFICA

5. ESTUDOS SOBRE A PRÁTICA ESCOLAR DO ENSINO FUNDAMENTAL — 67
    Estudo sobre alfabetizadoras bem-sucedidas — 68
    Estudo sobre as práticas de uma escola da favela — 70
    Dominação e resistência no cotidiano escolar — 73
    Principais questões nos estudos sobre a prática escolar — 78

6. ESTUDO SOBRE AS PRÁTICAS DE FORMAÇÃO DE PROFESSORES — 83
    Estudos de caso de professoras de didática — 84
    Reflexões sobre o processo de pesquisa — 91
    Exemplo de um estudo de caso — 94

7. PESQUISAÇÃO E A FORMAÇÃO DE PROFESSORES EM SERVIÇO — 105
    A proposta: Uma nova estratégia de capacitação docente — 106
    A implementação da proposta: Encontros e desencontros — 107
    Discutindo o processo de pesquisa — 110
    Discutindo a metodologia de pesquisação — 112

8. NOVOS CAMINHOS DA ETNOGRAFIA EM EDUCAÇÃO — 117

    REFERÊNCIAS BIBLIOGRÁFICAS — 123

INTRODUÇÃO

As pesquisas que venho desenvolvendo nos últimos anos têm como foco de interesse questões da prática escolar cotidiana, visando encontrar alternativas para o redimensionamento do saber e do fazer docentes.

O que pretendo, nesses estudos, é investigar as ações e relações que configuram o dia a dia da experiência escolar, para poder repensar os processos de formação e aperfeiçoamento docentes, a fim de aproximar cada vez mais teoria e prática pedagógicas.

O motivo que me leva a perseguir essa linha de investigação é, por um lado, o desejo de contribuir para que a escola brasileira possa oferecer um ensino de qualidade à maioria da população, e, por outro, o reconhecimento do importante papel que pode ter o professor nessa qualidade desejada.

Para cumprir esses alvos, tenho procurado investigar, por meio do uso da abordagem etnográfica, a prática pedagógica das escolas, focalizando especialmente o professor e o seu trabalho docente cotidiano.

Em 1978, em um artigo intitulado "A abordagem etnográfica — Uma nova perspectiva na avaliação educacional" (André 1978a), mostrei o potencial das abordagens qualitativas de pesquisa para o estudo das questões da escola. Nesse mesmo ano publiquei um outro artigo em que faço um balanço das pesquisas de sala de aula, indicando as variáveis do processo de ensino que se mostram correlacionadas ao desempenho escolar de alunos das primeiras séries do ensino fundamental (André 1978b).

Essas publicações refletem a minha experiência de pesquisa, que teve início com a dissertação de mestrado, na qual são usadas técnicas de observação para investigar o ensino de linguagem para alunos da 2ª série do ensino fundamental (André 1976).

Num trabalho posterior, ainda usando observação de aulas, comparo o desempenho escolar, em linguagem, de alunos de duas turmas de 2ª série cujas professoras apresentavam práticas de ensino diversas, sendo uma mais e outra menos diretiva (André 1979). Tanto na dissertação de mestrado quanto nessa última pesquisa, assumo uma postura de neutralidade diante dos dados e emprego técnicas quantitativas para análise das observações.

Essas pesquisas de sala de aula, no entanto, instigam-me a buscar formas mais efetivas de análise das situações de ensino e da prática educativa nas escolas. Foi exatamente com essa preocupação que escrevi o artigo a respeito da abordagem etnográfica e vários outros que se seguiram, em que falo sobre o estudo de caso (André 1984), sobre a análise de dados qualitativos (André 1983) e sobre os fundamentos e as características da pesquisa no cotidiano escolar (André 1987).

Ainda num estágio intermediário entre uma postura "neutra" e a busca de uma nova perspectiva de investigação, coordenei uma pesquisa que visava à análise de um projeto de capacitação de professores leigos — o Projeto Logos II. Eu e minha equipe decidimos estudar a implantação do projeto no estado do Piauí, para onde nos deslocamos. Entrevistamos os membros da equipe de coordenação regional do projeto e com alguns deles nos dirigimos para o interior do estado, onde acompanhamos o processo de treinamento e entrevistamos os professores leigos.

Nossas análises, embora ainda muito presas aos dados quantificáveis, foram muito mais "abertas" do que nos trabalhos anteriores e nossas interpretações, muito mais abrangentes (André e Candau 1984).

No ano de 1982 participei de um estágio de pós-doutorado num importante centro de pesquisas dos Estados Unidos — Center for Instructional Research and Curriculum Evaluation, da Universidade de Illinois — onde tive oportunidade de aprender muito sobre o uso dos métodos qualitativos em ciências sociais, estando também envolvida num projeto de avaliação de um programa de capacitação docente em serviço, em que tive oportunidade de pôr em prática esses conhecimentos.

Com muito mais segurança sobre *o que* e principalmente sobre o *como* pesquisar, os estudos e pesquisas empreendidos após esse estágio têm um alvo muito bem definido: a prática docente em seu acontecer cotidiano. A forma de abordagem dessa prática tem sido a do tipo etnográfico.

Os trabalhos de pesquisa que realizei nos anos 80 caminharam exatamente nessa direção. Três deles detiveram-se mais no estudo das práticas cotidianas da escola básica e os outros dois focalizaram especificamente os programas que formam os docentes da escola básica.

Acredito ser agora o momento de sistematizar esse conhecimento já produzido, ou seja, rever os dados coletados, organizá-los, confrontá-los, ampliando nossa perspectiva de análise e aprofundando nossas concepções.

Tendo em vista essa perspectiva, é objetivo do presente trabalho discutir a contribuição que os estudos do tipo etnográfico, voltados ao cotidiano escolar, vêm oferecendo para repensar e reconstruir o saber didático.

Para empreender essa tarefa, foi necessário estabelecer alguns limites, a fim de torná-la viável no tempo e no espaço disponíveis e também para que ficasse evidente que essa é apenas uma de várias etapas que devem ser cumpridas para se chegar a um panorama geral das pesquisas sobre o trabalho docente cotidiano.

Devo esclarecer, então, que entre os estudos do tipo etnográfico, tratarei mais especificamente do *estudo de caso*, por considerar seu potencial de contribuição ao estudo da escola e por tratar-se de uma abordagem que vem sendo objeto de meu interesse pessoal.

É preciso explicitar também que falar em *processo de reconstrução do saber docente* significa considerar questões relativas tanto aos estudos sobre o processo de ensino e a formação do professor quanto aos estudos sobre o saber que o professor desenvolve sobre a sua prática docente.

Cabe ainda esclarecer que, embora julgue fundamental um balanço crítico geral das pesquisas sobre a prática docente nas situações do cotidiano escolar, não farei aqui uma revisão do tipo "estado da arte". Limitar-me-ei a revisitar e reanalisar *os meus próprios estudos* (que não são estritamente só meus, pois foram todos eles realizados em equipe) e um conjunto de dez trabalhos que focalizaram as práticas de professoras bem-sucedidas, objeto de meu interesse e de minha pesquisa mais recente.

Tendo explicitado a perspectiva básica e os limites em que se inscreve este livro, volto à proposição inicial, ou seja, pretendo discutir a contribuição dos estudos do tipo etnográfico, voltados ao cotidiano escolar, para a revisão e o redimensionamento da prática docente.

Para isso estou propondo revisitar a literatura pertinente e a minha própria produção científica, revendo conceitos para reconceituá-los, retomando pressupostos para reconstruí-los, examinando hipóteses para redefini-las, questionando interpretações para refazê-las e aprofundá-las. É pesquisa teórica, porém é pesquisa que parte da prática, de prática que é também teórica e que precisa ser revisitada. Rever o conhecimento etnográfico sobre a escola e sistematizar a minha própria produção teórica/científica é a tarefa que me proponho neste momento. Divido, assim, o livro em duas partes: a primeira trata dos fundamentos e procedimentos da pesquisa etnográfica, e a segunda faz uma análise crítica de cinco trabalhos do tipo etnográfico.

A tentativa de sistematização levou-me, em primeiro lugar, a retomar os pressupostos da abordagem qualitativa de pesquisa, revendo suas origens históricas e seus fundamentos filosóficos, para poder melhor entender seu significado na área de educação. Levou-me também a discutir o conceito de pesquisa qualitativa, que tem sido usado, não raramente, de forma muito ampla e até equivocada. Levou-me ainda a rever a origem da dicotomia qualitativo-quantitativo no final do século XIX, quando surgiram importantes questões epistemológicas e metodológicas sobre a pesquisa em ciências humanas e sociais, mas considero que atualmente essa dicotomia deve ser superada para dar lugar a importantes questões sobre a natureza do conhecimento científico e sua função social, sobre o processo e o uso dos resultados da pesquisa e muitas outras. É esse o conteúdo do primeiro capítulo deste livro.

No segundo capítulo trato de diferentes tipos de pesquisa associados à abordagem qualitativa: estudo etnográfico, estudo de caso, pesquisa participante e pesquisação. Mostro semelhanças e diferenças tanto na concepção quanto no processo de realização desses vários tipos de estudo.

Inicio o terceiro capítulo fazendo um esboço da trajetória histórica da etnografia, situando os principais grupos e publicações que marcaram essa trajetória na área de educação, inclusive no Brasil. Em seguida, discuto o potencial de contribuição da etnografia para o estudo da prática escolar cotidiana e destaco algumas dimensões que devem ser levadas em conta nessa investigação: as dimensões institucional ou organizacional, instrucional ou pedagógica e sociopolítica ou cultural. Na parte final do capítulo aponto alguns problemas identificados na revisão de dez relatórios de pesquisa sobre a prática escolar cotidiana.

O quarto capítulo aborda a metodologia do estudo de caso etnográfico como uma alternativa para a investigação da prática pedagógica. Aponto inicialmente as razões e os critérios para a escolha dessa metodologia e destaco suas principais contribuições e seus limites. Discuto, a seguir, questões relativas à validade, à fidedignidade e à generalização nos estudos de caso e menciono as qualidades necessárias ao pesquisador que pretende desenvolver esse tipo de trabalho.

No quinto capítulo faço uma revisão de três estudos do tipo etnográfico, que investigaram questões do cotidiano da escola de ensino fundamental, discutindo suas principais contribuições e seus problemas. Em cada um desses estudos aponto os aspectos e dimensões privilegiados, os enfoques teórico-metodológicos utilizados e os problemas encontrados. Ressalto ainda suas principais contribuições para o desvelamento da prática docente nas escolas de ensino fundamental e destaco seus principais problemas.

O sexto capítulo analisa um estudo sobre as práticas de formação do professor da escola básica. Descreve o processo da pesquisa que envolveu uma fase exploratória, com trabalho de campo em três escolas que ofereciam o curso de Habilitação Específica para o Magistério (HEM), um *survey* sobre o perfil e a prática de professores de didática que estavam atuando na HEM da cidade de São Paulo no ano de 1988, e cinco estudos de caso de professoras de didática consideradas ótimas professoras. Apresenta algumas reflexões sobre o processo de pesquisa, destacando a contribuição da metodologia de história de vida e traz o exemplo de um dos estudos de caso realizados.

O sétimo capítulo discute possibilidades e limites da metodologia de pesquisação para o desenvolvimento e a avaliação de uma estratégia de capacitação de professores em serviço. Apresenta inicialmente as origens e os fundamentos da estratégia e descreve a sua implementação. Em seguida analisa os resultados obtidos e os principais problemas encontrados. A última parte do capítulo faz uma reflexão sobre possibilidades e limites da metodologia de pesquisação.

No último capítulo aponto as novas direções da pesquisa etnográfica em educação. Reconheço nessas novas tendências uma preocupação com a ética quando os especialistas da área propõem que o relatório da pesquisa explicite muito claramente as evidências ou fontes das interpretações, as posições e as escolhas do pesquisador. Reconheço também uma preocupação com as relações de poder presentes no trabalho etnográfico quando os autores discutem as possibilidades e vantagens de aproximação entre pesquisador e grupo pesquisado e propõem o trabalho colaborativo, a parceria.

PARTE I
FUNDAMENTOS DA PESQUISA ETNOGRÁFICA

1
A ABORDAGEM QUALITATIVA DE PESQUISA

O objetivo deste capítulo é caracterizar a abordagem qualitativa de pesquisa, rastreando suas raízes, acompanhando seu desenvolvimento e sua aproximação com a área de educação.

Na primeira parte do capítulo procuro situar as raízes históricas da abordagem, no final do século XIX, quando cientistas sociais defendem a perspectiva idealista-subjetivista de conhecimento e estabelece-se um amplo debate entre o quantitativo e o qualitativo.

Discuto as principais tendências da fenomenologia que se encontra nas origens da abordagem qualitativa e alerto para o risco de se continuar empregando o termo "pesquisa qualitativa" de forma genérica e extensiva, pois pode-se cair no extremo de chamar de qualitativo qualquer tipo de estudo, desde que não envolva números, seja ele benfeito ou malfeito, o que me parece muito negativo para o reconhecimento da abordagem qualitativa de pesquisa. Concluo pela necessidade de reservar os termos qualitativo e quantitativo para designar o tipo de dado coletado e sugiro o emprego de termos mais precisos quando se quiser identificar diferentes modalidades de pesquisa.

Na terceira parte do capítulo procuro mostrar que, se no final do século XIX foi interessante manter um debate entre o qualitativo e o quantitativo porque esse fez emergir importantes questões epistemológicas e metodológicas a respeito da pesquisa na área de ciências humanas e sociais, esse momento está totalmente superado. Admitindo que qualidade e quantidade estão intimamente relacionadas, as discussões hoje devem se centrar em questões mais consistentes como: a natureza do conhecimento científico e sua função social; o processo de produção e o uso desse conhecimento; critérios para avaliação do trabalho científico; critérios para seleção e apresentação de dados qualitativos; métodos e procedimentos de análise de dados, entre outros.

Raízes históricas e fundamentos da abordagem qualitativa

A abordagem qualitativa de pesquisa tem suas raízes no final do século XIX quando os cientistas sociais começaram a indagar se o método de investigação das ciências físicas e naturais, que por sua vez se fundamentava numa perspectiva positivista de conhecimento, deveria continuar servindo como modelo para o estudo dos fenômenos humanos e sociais.

Dilthey, que era historiador, foi um dos primeiros a fazer esse tipo de indagação e a buscar uma metodologia diferente para as ciências sociais, argumentando que os fenômenos humanos e sociais são muito complexos e dinâmicos, o que torna quase impossível o estabelecimento de leis gerais como na física ou na biologia. Por outro lado, afirma Dilthey, quando se estuda história, o interesse maior é o entendimento de um fato particular e não a sua explicação causal. Além disso, continua ele, o contexto particular em que ocorre o fato é um elemento essencial para a sua compreensão. Com base nessas considerações ele sugere que a investigação dos problemas sociais utilize como abordagem metodológica a hermenêutica, que se preocupa com a *interpretação* dos significados contidos num texto (entendido num sentido muito amplo), levando em conta cada mensagem desse texto e suas inter-relações.

Weber também contribuiu de forma importante para a configuração da perspectiva qualitativa de pesquisa ao destacar a compreensão (*verstehen*) como o objetivo que diferencia a ciência social da ciência física. Segundo ele, o foco da investigação deve se centrar na compreensão dos significados atribuídos pelos sujeitos às suas ações. Como Dilthey, ele argumenta que, para compreender esses significados, é necessário colocá-los dentro de um contexto.

Outros estudiosos das questões humanas e sociais aliam-se às ideias de Weber e Dilthey e defendem a perspectiva de conhecimento que se tornou conhecida como idealista-subjetivista. Ao mesmo tempo em que há a defesa de uma nova visão de conhecimento, há a crítica à concepção positivista de ciência de onde nasce um debate que vai se prolongar até o final da década de 1980, entre o quantitativo e o qualitativo. Não aceitando que a realidade seja algo externo ao sujeito, a corrente idealista-subjetivista valoriza a maneira própria de entendimento da realidade pelo indivíduo. Em oposição a uma visão empiricista de ciência, busca a interpretação em lugar da mensuração, a descoberta em lugar da constatação, valoriza a indução e assume que fatos e valores estão intimamente relacionados, tornando-se inaceitável uma postura neutra do pesquisador.

É com base nesses princípios que se configura a nova abordagem (alguns autores preferem o termo paradigma) de pesquisa, chamada de "naturalística" por alguns ou de "qualitativa" por outros. Naturalística ou naturalista porque não envolve manipulação de variáveis nem tratamento experimental; é o estudo do fenômeno em seu acontecer natural. Qualitativa porque se contrapõe ao esquema quantitativista de pesquisa (que divide a realidade em unidades passíveis de mensuração, estudando-as isoladamente), defendendo uma visão holística dos fenômenos, isto é, que leve em conta todos os componentes de uma situação em suas interações e influências recíprocas.

É uma abordagem de pesquisa que tem suas raízes teóricas na fenomenologia, que, como todos nós sabemos, compreende uma série de matizes.

É, portanto, a concepção idealista-subjetivista ou fenomenológica de conhecimento que dá origem à abordagem qualitativa de pesquisa, na qual também estão presentes as ideias do interacionismo simbólico, da etnometodologia e da etnografia, todas elas derivadas da fenomenologia. Vamos caracterizar rapidamente cada uma dessas correntes.

A *fenomenologia* enfatiza os aspectos subjetivos do comportamento humano e preconiza que é preciso penetrar no universo conceitual dos sujeitos para poder entender como e que tipo de sentido eles dão aos acontecimentos e às interações sociais que ocorrem em sua vida diária. O mundo do sujeito, as suas experiências cotidianas e os significados atribuídos às mesmas são, portanto, os núcleos de atenção na fenomenologia. Na visão dos fenomenólogos é o sentido dado a essas experiências que constitui a realidade, ou seja, a realidade é "socialmente construída" (Berger e Luckmann 1985).

Muito próximo a essa formulação, o *interacionismo simbólico* assume como pressuposto que a experiência humana é mediada pela interpretação, a qual não se dá de forma autônoma, mas à medida que o indivíduo interage com o outro. É por meio das interações sociais do indivíduo no seu ambiente de trabalho, de lazer, na família, que vão sendo construídas as interpretações, os significados, ou a sua visão de realidade. Como se desenvolve essa visão é que constitui o objeto de investigação do interacionismo simbólico. Outro ponto importante nessa linha de pensamento é a concepção do *self*. O *self* é a visão de si mesma que cada pessoa vai criando a partir da interação com os outros. É, nesse sentido, uma construção social, pois o conceito que cada um vai criando sobre si mesmo depende de como ele interpreta as ações e os gestos que lhe são dirigidos pelos outros. Assim, a forma como cada um percebe a si mesmo é, em parte, função de como os outros o percebem. George Mead é um dos precursores dessa linha de pensamento. Sendo professor no Departamento de Sociologia da Universidade de Chicago, no período de 1893 a 1931, ele formou um grupo de estudiosos do assunto, entre os quais Herbert Blumer (1969) — que aliás foi quem cunhou o termo *interacionismo simbólico* em 1937 —, Howard Becker, Everett Hughes, Blancher Geer e A. Strauss (1961).

O interacionismo simbólico ganha novo vigor nas décadas de 1970-1980 tanto na Inglaterra como na França e nos Estados Unidos quando muitos pesquisadores voltaram seus interesses para as interações sociais que os indivíduos desenvolvem na sua vida cotidiana. No Brasil também temos alguns exemplos recentes dessa "volta" ao interacionismo simbólico (Goulart e Bregunci 1990; Haguette 1987).

A *etnometodologia* é outra corrente da sociologia que vai influenciar a abordagem qualitativa de pesquisa. Seu mais conhecido representante é Harold Garfinkel (1967). Contrariamente ao que o termo sugere, a etnometodologia não se refere ao método que o pesquisador utiliza, mas ao campo de investigação. É o estudo de como os indivíduos compreendem e estruturam o seu dia a dia, isto é, procura descobrir "os métodos" que as pessoas usam no seu dia a dia para entender e construir a realidade que as cerca. Seus principais focos de interesse são, portanto, os conhecimentos tácitos, as formas de entendimento do senso comum, as práticas cotidianas e as atividades rotineiras que forjam as condutas dos atores sociais.

Muito similar ao interacionismo simbólico, desenvolve-se na antropologia uma tendência que se tornou conhecida como *etnografia*. Segundo Spradley (1979), a principal preocupação na etnografia é com o significado que têm as ações e os eventos para as pessoas ou os grupos estudados. Alguns desses significados são diretamente expressos pela linguagem, outros são transmitidos indiretamente por meio das ações. De qualquer maneira, diz ele, em toda sociedade as pessoas usam sistemas complexos de significado para organizar seu comportamento, para entender a sua própria pessoa e os outros e para dar sentido ao mundo em que vivem. Esses sistemas de significado constituem a sua cultura. Para Spradley a cultura é, pois, "o conhecimento já adquirido que as pessoas usam para interpretar experiências e gerar comportamentos" (p. 5). Nesse sentido a cultura abrange o que as pessoas fazem, o que elas sabem e as coisas que elas constroem e usam, explica ele.

A etnografia é a tentativa de descrição da cultura. Geertz (1973) utiliza o termo "descrição densa", que ele tomou emprestado do filósofo

Gilbert Ryle, para designar o que pretende a etnografia. Segundo ele, a cultura, como um sistema de símbolos construídos, "não é um poder, algo a quem pode ser atribuída a causa de eventos sociais, comportamentos, instituições ou processos: é um contexto, algo dentro do que os símbolos podem ser inteligivelmente — ou densamente — descritos" (p. 14).

O etnógrafo encontra-se, assim, diante de diferentes formas de interpretações da vida, formas de compreensão do senso comum, significados variados atribuídos pelos participantes às suas experiências e vivências e tenta mostrar esses significados múltiplos ao leitor.

Concordando com Geertz, Rosalie Wax considera que a tarefa do etnógrafo consiste na aproximação gradativa ao significado ou à compreensão dos participantes, isto é, de uma posição de estranho o etnógrafo vai chegando cada vez mais perto das formas de compreensão da realidade do grupo estudado, vai partilhando com eles os significados (Wax 1971).

Embora essas concepções já fizessem parte dos debates do final do século XIX, os estudos que se fundamentam nessa nova perspectiva são ainda muito esparsos no início do século XX, e na área de educação eles só ganham destaque na década de 1960. Há duas perguntas que podem ser feitas sobre isso: por que essa demora e por que os anos 60 foram mais propícios a esse surgimento?

Segundo Bogdan e Biklen (1982), a demora pode ser explicada pelo fato de que no início do século a pesquisa educacional era dominada pela psicologia, que por sua vez tinha uma forte tendência experimentalista, baseada nos pressupostos do positivismo de Comte, o que dificultou o surgimento da perspectiva idealista.

A década de 1960 foi marcada por vários movimentos sociais, por lutas contra a discriminação racial e social e pela igualdade de direitos. Foi também nessa década que aconteceram as rebeliões estudantis da França, o que precipitou o interesse dos educadores pelo que estava se passando realmente dentro das escolas e das salas de aula e pelo uso da abordagem antropológica ou etnográfica como forma de investigação do dia a dia escolar. Por outro lado, os métodos qualitativos também ganharam popularidade porque buscavam retratar os pontos de vista de *todos* os participantes, mesmo dos que não detinham poder nem privilégio, o que casava muito bem com as ideias democráticas que apareceram na década de 1960. Além disso, a área de sociologia, que vinha sendo dominada pelas ideias do funcionalismo por mais ou menos 20 anos, também se volta para o enfoque fenomenológico durante os anos 60. É quando ressurgem os estudos baseados no interacionismo simbólico e quando é valorizada a etnometodologia, dois enfoques que vão influenciar bastante os trabalhos de pesquisa na área de educação.

Se no final da década de 1960 esses estudos começam a aparecer, na década seguinte eles vão florescer, principalmente nos Estados Unidos e na Inglaterra, seja em forma de livros ou artigos sobre temas específicos (Bogdan e Taylor 1975; Hamilton, Jenkins, King, Mac Donald e Parlett 1977; entre outros), seja em forma de pesquisas que utilizam a abordagem qualitativa. Podemos destacar, entre outros, "Os estudos de caso no ensino de ciências", uma pesquisa realizada entre 1975 e 1977, sob a coordenação de R. Stake e J. Easley, na Universidade de Illinois (EUA), e ainda os trabalhos realizados pelo grupo de Birmingham (Grã-Bretanha), entre os quais se destacam o de Willis (1977) e o de MacRobbie (1978).

Se a fenomenologia encontra-se nas raízes dos estudos "qualitativos" da área de educação, sua evolução vem se dando no sentido de uma crescente diversificação tanto nos fundamentos filosóficos quanto nos métodos, procedimentos, estilos e conteúdos.

Por um lado, há um grupo de autores, como Willis, Apple, Giroux, que tem procurado associar os pressupostos da teoria crítica com os estudos de natureza etnográfica. Um exemplo bastante significativo é o livro de Paul Willis que foi traduzido para o português com o título *Aprendendo a ser trabalhador* e que tem servido como uma espécie de modelo dentro dessa linha crítica de pensamento.

Por outro lado, há vários grupos de pesquisadores que trabalham dentro da perspectiva cognitivista-interacionista-construtivista, seja no sentido mais próximo dos estudos piagetianos, seja na vertente vygotskiana ou numa modificação de uma delas, os quais também não se enquadrariam nas raízes fenomenológicas da abordagem qualitativa.

Essas diferentes correntes, no entanto, estão ainda no processo de integrar seus fundamentos teóricos com os avanços metodológicos. Por isso o que se tem a dizer sobre elas, no momento, é que podem ser consideradas dentro da abordagem qualitativa, no sentido de que não se enquadrariam numa perspectiva quantitativista/positivista, mas é preciso discutir mais suas peculiaridades, suas filiações teóricas e seus fundamentos epistemológicos e de que forma esses se articulam às questões metodológicas.

Sobre o conceito de pesquisa qualitativa

Nos anos 80 a abordagem qualitativa tornou-se muito popular entre os pesquisadores da área de educação, inclusive os brasileiros. É nessa década que Gatti (1992) encontra a primeira menção à temática da abordagem qualitativa nos *Cadernos de Pesquisa*, num artigo escrito por André (1983). Um número bastante grande de publicações surgiu nesse período, tratando de questões associadas tanto aos seus fundamentos teóricos quanto aos procedimentos metodológicos (Bogdan e Biklen 1982; Ezpeleta e Rockwell 1986; Erickson 1989; Guba e Lincoln 1981; Lincoln e Guba 1985; Ludke e André 1986; Miles e Huberman 1984; Patton 1980; Trivinos 1987; entre outros).

Muito embora a literatura disponível seja razoavelmente extensa e esteja aumentando cada vez mais, parece que o próprio conceito de pesquisa qualitativa não tem sido suficientemente discutido, o que tem resultado em críticas ou defesas, às vezes pouco fundamentadas, de posições, sem que se explicite de que tipo de pesquisa qualitativa cada um está falando. É urgente, pois, esclarecer essa questão.

Para alguns, a pesquisa qualitativa é a pesquisa fenomenológica (Martins e Bicudo 1989). Para outros, o qualitativo é sinônimo de etnográfico (Trivinos 1987). Para outros ainda, é um termo do tipo guarda-chuva que pode muito bem incluir os estudos clínicos (Bogdan e Biklen 1982). E, no outro extremo, há um sentido bem popularizado de pesquisa qualitativa, identificando-a como aquela que não envolve números, isto é, na qual qualitativo é sinônimo de não quantitativo.

É comum encontrarmos trabalhos que se definem como "qualitativos" simplesmente por não usarem dados numéricos ou por usarem técnicas de coleta consideradas qualitativas — como por exemplo a observação. Encontramos, também, sob essa denominação uma variedade imensa de tipos de pesquisa que vão desde os trabalhos descritivos até os estudos históricos, os estudos clínicos ou a pesquisação.

Não sei em que medida seria desejável deixar que todos esses conceitos convivessem pacificamente. No meu ponto de vista essa coexistência pode ser prejudicial ao desenvolvimento da abordagem qualitativa, primeiro porque pode levar a um exagero de chamar de qualitativo qualquer estudo, seja ele bem ou mal planejado, desenvolvido e relatado, o que pode levar a um total descrédito da abordagem qualitativa. Além disso, ao se aceitar essa ambiguidade de conceituações, pode-se deixar de discutir os fundamentos teóricos e epistemológicos desses estudos, o que seria, aí sim, lamentável.

Ora, é fato bastante conhecido que um estudo etnográfico, por exemplo, pode seguir uma linha funcional-estruturalista ou pode situar-se nos diferentes matizes da fenomenologia ou ainda pode vincular-se à teoria crítica ou ao materialismo histórico. Os estudos clínicos, por sua vez, podem seguir a orientação piagetiana ou a de Emília Ferreiro ou ainda a da psicologia experimental-desenvolvimentista de Vygotsky. A mesma diversidade de orientações pode se aplicar à análise de documentos, sejam eles históricos, didáticos, legais, pessoais etc. (Posso, por exemplo, analisá-los numa linha estruturalista, fenomenológica, crítica, ou em outra.)

Para além da dicotomia qualitativo-quantitativo

O uso do termo "pesquisa quantitativa" para identificar uma perspectiva positivista de ciência parece-me no mínimo reducionista. Associar quantificação com positivismo é perder de vista que quantidade e qualidade estão intimamente relacionadas. Se, por exemplo, faço um trabalho de pesquisa que pretende caracterizar os alunos que frequentam o curso noturno de formação para o magistério, embora eu use dados quantificáveis como idade, nível socioeconômico, trajetória escolar, ocupação, a leitura desses dados não necessariamente seguirá uma linha positivista. Nem eu afirmarei que os instrumentos são neutros ou que os métodos de amostragem me permitem generalizar os resultados rigidamente para a totalidade. Posso fazer uma pesquisa que utiliza basicamente dados quantitativos, mas na análise que faço desses dados estarão sempre presentes o meu quadro de referência, os meus valores e, portanto, a dimensão qualitativa. As perguntas que eu faço no meu instrumento estão marcadas por minha postura teórica, meus valores, minha visão de mundo. Ao reconhecer essas marcas da subjetividade na pesquisa, eu me distancio da postura positivista, muito embora esteja tratando com dados quantitativos.

Por outro lado, mesmo quando se reportam dados de depoimentos, entrevistas ou de observações, é, não raro, conveniente que se expressem os resultados também em números, como, por exemplo, numa situação em que se esteja revelando a opinião dos professores sobre uma nova proposta. É muito mais interessante e ético dizer que "30% dos entrevistados consideraram a proposta autoritária" do que afirmar genericamente que "alguns professores consideraram a proposta autoritária". Deixa o estudo de ser qualitativo porque reportou números? É evidente que não. No caso, o número ajuda a explicitar a dimensão qualitativa.

Por essa razão não me parece ser muito conveniente continuar usando o termo "pesquisa qualitativa" de forma tão ampla e genérica como preferem alguns (como, por exemplo, Alves 1991). Eu reservaria os termos quantitativo e qualitativo para diferenciar técnicas de coleta ou, até melhor, para designar o tipo de dado obtido, e utilizaria denominações mais precisas para determinar o tipo de pesquisa realizada: histórica, descritiva, participante, etnográfica, fenomenológica etc.

Se num determinado momento foi até interessante utilizar o termo qualitativo para identificar uma perspectiva de conhecimento que se contrapunha ao positivismo, esse momento parece estar superado.

Esse momento foi justamente o final do século XIX, quando surge o enfoque qualitativo em oposição ao quantitativo. É o início de uma polêmica que, segundo Smith e Heshusius (1986), perdurou até uns anos atrás e na qual são enfatizadas as diferenças tanto nos pressupostos quanto nos procedimentos das duas abordagens. Esse debate teve um importante papel porque permitiu pôr em questão o valor da orientação positivista no trabalho científico e fez emergirem questões de natureza filosófica e epistemológica — como o critério de verdade no trabalho científico, a relevância dos resultados da pesquisa, a questão do objetivismo x relativismo etc. — que foram, sem dúvida, importantes para a evolução da pesquisa nas ciências sociais e, em decorrência, na área de educação.

Porém, a necessidade agora é ir além, ultrapassar a dicotomia qualitativo-quantitativo e tentar encontrar respostas para as inúmeras questões com que nos defrontamos diariamente, entre as quais podemos citar: O que caracteriza um trabalho científico? O que diferencia o conhecimento científico de outros tipos de conhecimento? Quais os critérios para se julgar uma boa pesquisa? O que se pode considerar como válido e confiável na pesquisa? Como deve ser tratada a problemática da generalização? Qual o papel da teoria na pesquisa? Como articular o micro e o macrossocial? Como trabalhar a subjetividade na pesquisa? Quais as formas mais apropriadas de análise de dados qualitativos?

Dar respostas a todas essas questões não é, certamente, tarefa de um único pesquisador. São respostas que precisam ser buscadas tanto individual quanto coletivamente, de forma sistemática e persistente, e nesse processo de busca devem ser expostas à discussão, à crítica, ao debate, para que o conhecimento possa ir se consolidando e a abordagem qualitativa possa conquistar credibilidade e maturidade.

2
DIFERENTES TIPOS DE PESQUISA QUALITATIVA

Até agora tratamos da abordagem qualitativa de forma geral. Vamos então destacar os vários tipos de pesquisa que aparecem associados a essa abordagem, enfatizando suas similaridades e diferenças. Trataremos aqui da pesquisa etnográfica, do estudo de caso, da pesquisa participante e da pesquisação.

Pesquisa do tipo etnográfico

Tomemos inicialmente a pesquisa etnográfica para discutir o que ela significa, quais suas características e qual sua vinculação com a educação.

A etnografia é um esquema de pesquisa desenvolvido pelos antropólogos para estudar a cultura e a sociedade. Etimologicamente etnografia significa "descrição cultural". Para os antropólogos, o termo tem dois sentidos: (1) um conjunto de técnicas que eles usam para coletar dados sobre os valores, os hábitos, as crenças, as práticas e os comportamentos de um grupo social; e (2) um relato escrito resultante do emprego dessas técnicas.

Se o foco de interesse dos etnógrafos é a descrição da cultura (práticas, hábitos, crenças, valores, linguagens, significados) de um grupo social, a preocupação central dos estudiosos da educação é com o processo educativo. Existe, pois, uma diferença de enfoque nessas duas áreas, o que faz com que certos requisitos da etnografia não sejam — nem necessitem ser — cumpridos pelos investigadores das questões educacionais. Requisitos sugeridos por Wolcott (1988), como por exemplo uma longa permanência do pesquisador em campo, o contato com outras culturas e o uso de amplas categorias sociais na análise de dados. O que se tem feito pois é uma adaptação da etnografia à educação, o que me leva a concluir que fazemos estudos do tipo etnográfico e não etnografia no seu sentido estrito.

Em que medida se pode dizer que um trabalho pode ser caracterizado como do tipo etnográfico em educação? Em primeiro lugar quando ele faz uso das técnicas que tradicionalmente são associadas à etnografia, ou seja, a observação participante, a entrevista intensiva e a análise de documentos.

A observação é chamada de participante porque parte do princípio de que o pesquisador tem sempre um grau de interação com a situação estudada, afetando-a e sendo por ela afetado. As entrevistas têm a finalidade de aprofundar as questões e esclarecer os problemas observados. Os documentos são usados no sentido de contextualizar o fenômeno, explicitar suas vinculações mais profundas e completar as informações coletadas através de outras fontes.

Subjacente ao uso dessas técnicas etnográficas existe o princípio da interação constante entre o pesquisador e o objeto pesquisado, princípio esse que determina fortemente a segunda característica da pesquisa do tipo etnográfico, ou seja, que o pesquisador é o instrumento principal na coleta e na análise dos dados. Os dados são mediados pelo instrumento humano, o pesquisador. O fato de ser uma pessoa o põe numa posição bem diferente de outros tipos de instrumentos, porque permite que ele responda ativamente às circunstâncias que o cercam, modificando técnicas de coleta, se necessário, revendo as questões que orientam a pesquisa, localizando novos sujeitos, revendo toda a metodologia ainda durante o desenrolar do trabalho.

Outra característica importante da pesquisa etnográfica é a ênfase no processo, naquilo que está ocorrendo e não no produto ou nos resultados finais. As perguntas que geralmente são feitas nesse tipo de pesquisa são as seguintes: O que caracteriza esse fenômeno? O que está acontecendo nesse momento? Como tem evoluído?

Uma quarta característica da etnografia é a preocupação com o significado, com a maneira própria com que as pessoas veem a si mesmas, as suas experiências e o mundo que as cerca. O pesquisador deve tentar apreender e retratar essa visão pessoal dos participantes.

A quinta característica da pesquisa etnográfica é que ela envolve um trabalho de campo. O pesquisador aproxima-se de pessoas, situações, locais, eventos, mantendo com eles um contato direto e prolongado. Como se dá esse contato? Primeiro não há pretensão de mudar o ambiente, introduzindo modificações que serão experimentalmente controladas como na pesquisa experimental. Os eventos, as pessoas, as situações são observados em sua manifestação natural, o que faz com que tal pesquisa seja também conhecida como naturalística ou naturalista.

O período de tempo em que o pesquisador mantém esse contato direto com a situação estudada pode variar muito, indo desde algumas semanas até vários meses ou anos. Além, evidentemente dos objetivos específicos do trabalho, tal decisão vai depender da disponibilidade de tempo do pesquisador, de sua aceitação pelo grupo, de sua experiência em trabalho de campo e do número de pessoas envolvidas na coleta de dados.

Outras características importantes na pesquisa etnográfica são a descrição e a indução. O pesquisador faz uso de uma grande quantidade de dados descritivos: situações, pessoas, ambientes, depoimentos, diálogos, que são por ele reconstruídos em forma de palavras ou transcrições literais.

Finalmente, a pesquisa etnográfica busca a formulação de hipóteses, conceitos, abstrações, teorias e não sua testagem. Para isso faz uso de um plano de trabalho aberto e flexível, em que os focos da investigação vão sendo constantemente revistos, as técnicas de coleta, reavaliadas, os instrumentos, reformulados e os fundamentos teóricos, repensados. O que esse tipo de pesquisa visa é a descoberta de novos conceitos, novas relações, novas formas de entendimento da realidade.

Estudo de caso

Muito ligado à pesquisa do tipo etnográfico aparece um outro tipo de investigação: o estudo de caso. Quais as principais diferenças entre esses dois tipos de pesquisa?

A abordagem do estudo de caso vem sendo usada há muitos anos em diferentes áreas do conhecimento como medicina, psicologia, serviço social, enfermagem, em que se faz o estudo exaustivo de um caso, geralmente um indivíduo bastante problemático, para fins de diagnose, tratamento ou acompanhamento. Já na área de administração, o estudo de caso tem servido para estudar o funcionamento de uma instituição e determinar focos de mudança ou de intervenção. Em direito ele também tem uma larga tradição, destinando-se geralmente à ilustração dos procedimentos legais utilizados na resolução de um problema jurídico.

O estudo de caso aparece há muitos anos nos livros de metodologia da pesquisa educacional, mas dentro de uma concepção bastante estrita, ou seja, o estudo descritivo de uma unidade, seja uma escola, um professor, um aluno ou uma sala de aula.

Já o estudo de caso etnográfico só vai surgir recentemente na literatura educacional numa acepção bem clara: a aplicação da abordagem etnográfica ao estudo de um caso. Isso quer dizer que nem todos os tipos de estudo de caso incluem-se dentro da perspectiva etnográfica de pesquisa. Da mesma forma, nem todo estudo do tipo etnográfico será um estudo de caso.

Para que seja reconhecido como um estudo de caso etnográfico é preciso, antes de tudo, que preencha os requisitos da etnografia e, adicionalmente, que seja um sistema bem delimitado, isto é, uma unidade com limites bem definidos, tal como uma pessoa, um programa, uma instituição ou um grupo social. O caso pode ser escolhido porque é uma instância de uma classe ou porque é por si mesmo interessante. De qualquer maneira o estudo de caso enfatiza o conhecimento do particular. O interesse do pesquisador, ao selecionar uma determinada unidade, é compreendê-la como uma unidade. Isso não impede, no entanto, que ele esteja atento ao seu contexto e às suas inter-relações como um todo orgânico, e à sua dinâmica como um processo, uma unidade em ação.

Pesquisação

Um outro tipo de pesquisa que merece ser aqui mencionado é a pesquisação. Segundo Serrano (1994), diversos autores reconhecem Kurt Lewin como o criador dessa linha de investigação. Lewin era um estudioso das questões psicossociais e pretendia, com esse tipo de pesquisa, investigar as relações sociais e conseguir mudanças em atitudes e comportamentos dos indivíduos. Já em 1944 Lewin descrevia o processo de pesquisação, indicando como seus traços essenciais: análise, coleta de dados e conceituação dos problemas; planejamento da ação, execução e nova coleta de dados para avaliá-la; repetição desse ciclo de atividades. É dentro dessa orientação que se desenvolve uma das linhas de pesquisação que Corey (1953) caracteriza como o processo pelo qual os práticos objetivam estudar cientificamente seus problemas de modo a orientar, corrigir e avaliar suas ações e decisões. Com a denominação de investigação-ação (*action research*), os livros de pesquisa da década de 1950 descrevem essa metodologia como uma ação sistemática e controlada, desenvolvida pelo próprio pesquisador. Um exemplo clássico é o professor que decide fazer uma mudança na sua prática docente e a acompanha com um processo de pesquisa, ou seja, com um planejamento de intervenção, coleta sistemática dos dados, análise fundamentada na literatura pertinente e relato dos resultados.

Durante os anos 60 a pesquisação fica praticamente esquecida, ressurgindo em meados de 1970 com novo ímpeto, mobilizando diferentes grupos e dando origem a várias correntes.

Na linha anglo-saxônica ela adquire um caráter de diagnóstico, influenciada pela proposta do professor-pesquisador, defendida por Stenhouse e sustentada por Elliot (1989). Essa corrente, que no início centrou-se mais na imagem do professor, foi se ampliando e diversificando, preocupando-se também com questões relacionadas ao currículo e com as condições institucionais.

A corrente australiana, cujos principais representantes são Carr e Kemmis (1988), aproxima-se da anterior quando centra suas preocupações no currículo, mas vai mais além, propondo que a pesquisa se volte para atividades de desenvolvimento profissional, para programas de melhoria da escola, para o planejamento de sistemas e o desenvolvimento de políticas. Considera que o processo de pesquisação envolve o estabelecimento de uma série de ações que devem ser planejadas e executadas pelos participantes e devem ser sistematicamente submetidas a observação, reflexão e mudança. Apoia-se, em seus fundamentos, na teoria crítica.

Filiadas às correntes anglo-saxônica e australiana encontramos as vertentes espanhola e portuguesa com autores como Pérez Gómez (1995) e António Nóvoa (1992) que discutem a pesquisação no âmbito da formação contínua de professores.

A corrente francesa compreende um grupo voltado para a educação não formal, ou seja, a educação de adultos, educação popular, educação permanente e a animação sociocultural. Seu alvo é a conscientização do grupo para uma ação conjunta em busca da emancipação. Seu principal representante é Barbier (1985). Essa vertente desenvolveu-se na América Latina com o nome de pesquisa participante ou participativa. Encontramos na obra de Carlos R. Brandão (1981) a caracterização da pesquisa participante, especialmente no capítulo escrito por Fals Borda em que ele defende como pesquisa participante aquela em que os participantes estejam envolvidos em diferentes fases da pesquisa, inclusive na própria definição do problema a ser pesquisado. Segundo ele, deve haver uma devolução sistemática dos dados ao grupo pesquisado, visando, por um lado, conscientizar o grupo a respeito de sua situação de dominado, e, por outro, torná-lo capaz de aprender a fazer pesquisa. Ainda nessa concepção, a pesquisa visa sempre implementar alguma ação que resulte em uma melhoria para o grupo de participantes, geralmente pertencentes às classes economicamente desfavorecidas. Há, assim, um sentido político muito claro nessa concepção de pesquisa: partir de um problema definido pelo grupo, usar instrumentos e técnicas de pesquisa para conhecer esse problema e delinear um plano de ação que traga algum benefício para o grupo. Além disso, há uma preocupação em proporcionar a essas classes sociais um aprendizado de pesquisa da própria realidade para conhecê-la melhor e poder vir a atuar mais eficazmente sobre ela, transformando-a.

Outro grupo da corrente francesa é o que se volta para a pesquisação institucional. Segundo Serrano (1994), seu objetivo é que os grupos-objeto nas instituições cheguem a ser grupos-sujeito à medida que vão se conhecendo, analisando e renovando, tornando suas relações sociais mais equitativas e justas.

A corrente norte-americana teve a sua primeira geração com Lewin e depois se diversificou, defendendo a investigação colaborativa ou cooperativa, que preconiza o trabalho conjunto e a colaboração progressiva entre pesquisador e grupo pesquisado.

Em resumo, pode-se dizer que em todas as correntes a pesquisação envolve sempre um plano de ação, plano esse que se baseia em objetivos, em um processo de acompanhamento e controle da ação planejada e no relato concomitante desse processo. Muitas vezes esse tipo de pesquisa recebe o nome de intervenção.

3
ETNOGRAFIA E O ESTUDO DA PRÁTICA ESCOLAR COTIDIANA

Este capítulo pretende mostrar a importância do uso da etnografia para uma investigação sistemática da prática escolar cotidiana.

Numa tentativa de refazer o movimento de aproximação entre a etnografia e a educação, na primeira parte do capítulo são apontados as obras e os autores que nas áreas da pesquisa de sala de aula e de avaliação curricular favoreceram tal aproximação. São mencionados ainda os principais eventos, instituições e grupos de pesquisadores que tiveram contribuição significativa nesse movimento.

Em seguida são discutidas algumas razões para o estudo da prática escolar cotidiana e para a escolha da perspectiva etnográfica.

Na terceira parte do capítulo são destacadas três dimensões julgadas relevantes para uma investigação sistemática do cotidiano escolar. São dimensões muito inter-relacionadas, que levam em conta: (1) o encontro professor-aluno-conhecimento nas situações sociointeracionais de sala de aula; (2) as relações construídas pelos agentes da instituição escolar; e (3) os fatores socioculturais mais amplos que afetam a dinâmica escolar.

Na última parte do capítulo são apontados os principais problemas que vêm sendo identificados nas pesquisas sobre a prática escolar cotidiana.

O traçado histórico da etnografia em educação

O interesse dos educadores pela etnografia fica muito evidente no final dos anos 70 e tem como centro de preocupação o estudo da sala de aula e a avaliação curricular. Para tentarmos analisar e compreender o que se passa no dia a dia escolar, temos tido que recorrer frequentemente a diferentes campos de conhecimento como a psicologia, a sociologia, a pedagogia, a linguística e a etnografia.

Até o início dos anos 70, a pesquisa de sala de aula utilizava basicamente esquemas de observação que visavam registrar comportamentos de professores e alunos numa situação de interação. Por isso mesmo esses estudos tornaram-se conhecidos como "análises de interação". Tendo como fundamento os princípios da psicologia comportamental, esses estudos serviram não somente para estudar as interações de sala de aula, mas também para treinar professores ou medir a eficiência de programas de treinamento.

Os instrumentos de observação usados nesses estudos foram reunidos numa publicação composta de mais de dez volumes, intitulada *Mirrors for behavior* (Simon e Boyer 1968 e 1970), que apresenta uma descrição detalhada de 79 desses instrumentos.

Uma análise crítica desse tipo de investigação aparece no livro *Explorations in classroom observation*, organizado por Michel Stubbs e Sara Delamont, cuja publicação ocorreu em 1976. Esse livro constitui um ponto importante na história do uso das abordagens etnográficas em educação, seja na Europa e nos Estados Unidos, seja no Brasil, porque, ao mesmo tempo em que faz uma crítica aos estudos de interação, sugere como alternativa a abordagem antropológica ou etnográfica.

No primeiro capítulo desse livro há uma análise crítica às pesquisas de sala de aula realizadas principalmente nos Estados Unidos, na década de 1960, que, segundo os autores, muito pouco contribuíram para compreender o processo de ensino-aprendizagem.

As críticas referem-se especialmente aos sistemas de observação que pretendem reduzir os comportamentos de sala de aula a unidades passíveis de tabulação e mensuração, nos moldes de Flanders. Esses esquemas de observação, segundo Delamont e Hamilton (1976), ignoram muitas vezes o contexto espaçotemporal em que os comportamentos se manifestam; focalizam estritamente o que pode ser observado; utilizam unidades de observação derivadas de categorias preestabelecidas que, por sua vez, orientam a análise, criando uma certa circularidade na interpretação. Além disso, ao segmentarem os comportamentos em unidades mensuráveis, esses esquemas colocam limites arbitrários em algo que é contínuo. Ainda no que se refere à interpretação dos dados, há dificuldades inerentes a como lidar com a massa de dados usualmente coletada através desses sistemas. Pode-se dizer, assim, que nesse tipo de estudo há uma supervalorização da metodologia em detrimento da teoria — é o que acontece por exemplo ao se usar um sistema de categorias definidas *a priori* que separa o cognitivo do afetivo — e uma preocupação exagerada com a objetividade, que leva a valorizar mais o número de observações que seu conteúdo.

A alternativa apresentada pelos autores, para ultrapassar os problemas encontrados nos esquemas de análise da interação, é a *abordagem antropológica*. Segundo eles, a investigação de sala de aula ocorre sempre num contexto permeado por uma multiplicidade de sentidos que, por sua vez, fazem parte de um universo cultural que deve ser estudado pelo pesquisador. Através basicamente da observação participante ele vai procurar entender essa cultura, usando para isso uma metodologia que envolve registro de campo, entrevistas, análises de documentos, fotografias, gravações. Os dados são considerados sempre inacabados. O observador não pretende comprovar teorias nem fazer "grandes" generalizações. O que busca, sim, é descrever a situação, compreendê-la, revelar os seus múltiplos significados, deixando que o leitor decida se as interpretações podem ou não ser generalizáveis, com base em sua sustentação teórica e sua plausibilidade.

O livro de Stubbs e Delamont foi importante, por um lado, porque apresentou de forma concisa e bem fundamentada as principais críticas aos estudos da interação de sala de aula e, por outro lado, porque divulgou os pressupostos da etnografia, sugerindo o uso da abordagem antropológica na área de educação.

De maneira mais direta, há uma contribuição de Sara Delamont à pesquisa educacional no Brasil, uma vez que ela esteve pessoalmente na Fundação Carlos Chagas, em São Paulo, no final dos anos 70, quando foram realizados vários seminários e discussões sobre o potencial dessa abordagem para os estudos de sala de aula.

Outra publicação que certamente preparou favoravelmente o terreno para a aproximação da etnografia com a educação foi o livro publicado por David Hamilton, David Jenkins, Cristine King, Barry MacDonald e Malcolm Parlett, intitulado *Beyond the numbers game* (1977). O livro resultou de um seminário realizado em 1972, em Cambridge (Grã-Bretanha), onde foram discutidos métodos não convencionais de avaliação de currículo e foram feitas propostas para os futuros estudos na área. Um trabalho que teve grande destaque nesse encontro foi o de Parlett e Hamilton, que critica de forma contundente o paradigma vigente nas pesquisas avaliativas, sugerindo como alternativa *a abordagem iluminativa*, com fundamentos no paradigma socioantropológico. Na proposta desses autores deve ser dada atenção especial ao contexto particular em que se desenvolvem as práticas educacionais, devem ser levadas em conta as dimensões sociais, culturais, institucionais que cercam cada programa ou situação investigada e devem ser retratados diferentes pontos de vista de diferentes grupos relacionados ao programa ou à situação avaliada. Outros trabalhos discutidos no seminário defendem a mesma linha, havendo mesmo um manifesto final do encontro, no qual os participantes expressam suas principais recomendações, que podem ser resumidas nos seguintes pontos:

- que sejam mais usados dados de observação, devidamente validados (substituindo os usuais dados de testes);
- flexibilidade no *design* para inclusão de eventos não previstos (focalização progressiva em lugar de esquema predefinido);
- que os valores e as posições do avaliador sejam revelados.

Muito embora essas ideias dirijam-se mais diretamente aos trabalhos de avaliação curricular, elas tiveram um impacto grande na pesquisa educacional, tanto na Inglaterra e na Escócia, na América do Norte, na Suécia e na Austrália — de onde provinham os participantes do encontro —, como também em vários outros países onde chegaram os resulta do seminário, entre os quais o Brasil.

Não há a menor dúvida de que os primeiros trabalhos publicados no Brasil sobre o uso da abordagem etnográfica em educação (ver especialmente André 1978a) tiveram influência dos trabalhos realizados na área de avaliação, principalmente na Inglaterra e nos Estados Unidos. Nesse sentido não deve ser esquecido o artigo de Egon Guba "Toward a methodology of naturalistic inquiry in educational evaluation" (1978), que certamente representou um marco importante na divulgação das ideias da antropologia e da etnografia para a área da educação.

No Brasil, além da Fundação Carlos Chagas já mencionada, destacou-se também o Departamento de Educação da PUC-RJ, que foi sem dúvida pioneiro na realização e na divulgação de pesquisas utilizando as abordagens qualitativas.

Um outro momento importante na disseminação das ideias sobre a nova perspectiva de investigação foi o Seminário de Pesquisas da Região Sudeste, realizado em Belo Horizonte, em 1980, quando foi organizada uma mesa-redonda sobre o tema "A pesquisa qualitativa e o estudo da escola", em que vários pesquisadores tiveram a oportunidade de analisar as possibilidades e os limites do uso das abordagens qualitativas para o estudo da escola. Essas discussões foram posteriormente publicadas nos *Cadernos de Pesquisa* nº 49 (Ludke 1984), favorecendo uma divulgação bastante ampla dessas ideias.

Ainda outro evento marcante nesse debate acerca das novas formas de investigação foi o seminário promovido pelo Instituto Nacional de Estudos e Pesquisas Educacionais (Inep) sobre pesquisa participativa, em 1983, onde surgiram muitas questões importantes, divulgadas no *Em Aberto* nº 20 (1984). Nesse evento esteve presente a pesquisadora Justa Ezpeleta, do Centro de Estúdios Educativos, do México, que, além de trazer uma contribuição significativa ao encontro, vai mais tarde divulgar suas ideias mais amplamente no livro *Pesquisa participante* (1986) que ainda hoje é uma das referências fundamentais desse tema.

Não podemos deixar de mencionar ainda a visita do doutor Robert Stake, do Center for Instructional Research and Curriculum Evaluation, da Universidade de Illinois, que esteve na Ufes, na USP, na PUC-RJ, na UFRGS e na Fundação Carlos Chagas no ano de 1983, divulgando suas pesquisas e discutindo questões voltadas ao uso das abordagens qualitativas em educação.

Ao lado desses e de outros pesquisadores que ainda poderiam ser lembrados nesta nossa breve reconstituição do caminho das abordagens qualitativas na educação, precisam ser lembrados dois nomes: Luiz Pereira e Aparecida Joly Gouveia, que fizeram uso das técnicas etnográficas e dos conhecimentos sociológicos para investigar as questões da escola e da educação. Seus estudos são considerados clássicos na área e sem dúvida tiveram e têm ainda bastante influência na pesquisa em educação.

Na década de 1980 a pesquisa do tipo etnográfico ganhou muita popularidade, tornando-se quase um modismo na área de educação. Muitos trabalhos foram produzidos com a preocupação de descrever as atividades de sala de aula e as representações dos atores escolares. A maior parte desses trabalhos surgiu nos centros de pós-graduação em educação do Brasil, em forma de dissertações, teses e pesquisas realizadas pelos docentes. A cada ano novos trabalhos foram surgindo, diversificando-se em seus objetivos, fundamentos e procedimentos, de modo que, no início dos anos 90, com uma produção regular e consistente, já se torna possível fazer um balanço crítico dessa produção e identificar não só suas contribuições, mas também seus principais problemas.

*Razões para o uso da etnografia no estudo
da prática escolar cotidiana*

A pesquisa do tipo etnográfico, que se caracteriza fundamentalmente por um contato direto do pesquisador com a situação pesquisada, permite reconstruir os processos e as relações que configuram a experiência escolar diária.

Por meio de técnicas etnográficas de observação participante e de entrevistas intensivas, é possível documentar o não documentado, isto é, desvelar os encontros e desencontros que permeiam o dia a dia da prática escolar, descrever as ações e representações dos seus atores sociais, reconstruir sua linguagem, suas formas de comunicação e os significados que são criados e recriados no cotidiano do seu fazer pedagógico.

Esse tipo de pesquisa permite, pois, que se chegue bem perto da escola para tentar entender como operam no seu dia a dia os mecanismos de dominação e de resistência, de opressão e de contestação ao mesmo tempo em que são veiculados e reelaborados conhecimentos, atitudes, valores, crenças, modos de ver e de sentir a realidade e o mundo.

Conhecer a escola mais de perto significa colocar uma lente de aumento na dinâmica das relações e interações que constituem o seu dia a dia, aprendendo as forças que a impulsionam ou que a retêm, identificando as estruturas de poder e os modos de organização do trabalho escolar e compreendendo o papel e a atuação de cada sujeito nesse complexo interacional onde ações, relações, conteúdos são construídos, negados, reconstruídos ou modificados.

Essa visão de escola como espaço social em que ocorrem movimentos de aproximação e de afastamento, onde se criam e recriam conhecimentos, valores e significados vai exigir o rompimento com uma visão de cotidiano estática, repetitiva, disforme, para considerá-lo, como diria Giroux (1986), um terreno cultural caracterizado por vários graus de acomodação, contestação e resistência, uma pluralidade de linguagens e objetivos conflitantes.

Nesse sentido, o estudo da prática escolar não pode se restringir a um mero retrato do que se passa no seu cotidiano, mas deve envolver um processo de reconstrução dessa prática, desvelando suas múltiplas dimensões, refazendo seu movimento, apontando suas contradições, recuperando a força viva que nela está presente.

Para isso são necessários uma perspectiva teórica definida, um enfoque determinado que ajude a captar esse dinamismo e que oriente sua análise e interpretação. Embora o processo etnográfico deva ser aberto e flexível, isso não significa ausência total de um referencial teórico. A definição do objeto de estudo é sempre feita por causa de um alvo que se busca e de um interesse específico por conhecer, o que implica uma escolha teórica que pode e deve ser explicitada ao longo do estudo.

O que acontece, geralmente, no estudo etnográfico é uma discussão e um questionamento constantes desse referencial teórico e uma maior ou menor explicitação do mesmo ao longo do trabalho, dependendo do grau de conhecimento já existente a respeito das questões pesquisadas e do que vai sendo "descoberto" durante o estudo.

Dimensões no estudo da prática escolar cotidiana

Para que se possa apreender o dinamismo próprio da vida escolar, é preciso estudá-la com base em pelo menos três dimensões: a institucional ou organizacional, a instrucional ou pedagógica e a sociopolítica/cultural. Essas três dimensões não podem ser consideradas isoladamente, mas como uma unidade de múltiplas inter-relações, através das quais se procura compreender a dinâmica social expressa no cotidiano escolar.

A dimensão institucional ou organizacional envolve os aspectos referentes ao contexto da prática escolar: formas de organização do trabalho pedagógico, estruturas de poder e de decisão, níveis de participação dos seus agentes, disponibilidade de recursos humanos e materiais, enfim toda a rede de relações que se forma e transforma no acontecer diário da vida escolar.

A configuração que vai assumir o contexto escolar é decisiva, pois ela afeta diretamente a forma de organização do ensino na sala de aula. Por outro lado, essa configuração vai ser grandemente afetada por determinações do social mais amplo, com o qual esse contexto se articula. Por exemplo, pode haver influências mais indiretas, como as políticas educacionais, as pressões e expectativas dos pais e da população com respeito à educação escolar, ou mais diretas, como a posição de classe, a bagagem cultural e os valores de cada sujeito que faz parte desse contexto. A dimensão institucional age, assim, como um elo de ligação entre a *práxis* social mais ampla e aquilo que ocorre no interior da escola.

Seu estudo vai exigir, então, um contato direto com a direção da escola, com o pessoal técnico-administrativo e com os docentes, por meio de entrevistas individuais ou coletivas ou mesmo de conversas informais, um estudo das representações dos atores escolares, além de um acompanhamento das reuniões e atividades escolares. Vai exigir também uma análise da documentação que afeta direta ou indiretamente o funcionamento da escola.

A dimensão instrucional ou pedagógica abrange as situações de ensino nas quais se dá o encontro professor-aluno-conhecimento. Nessas situações estão envolvidos os objetivos e conteúdos do ensino, as atividades e o material didático, a linguagem e outros meios de comunicação entre professor e alunos e as formas de avaliar o ensino e a aprendizagem.

Esse encontro define-se, por um lado, pela apropriação ativa dos conhecimentos por parte dos alunos, através da mediação exercida pelo professor, e, por outro lado, por todo um processo de interação no qual entram componentes afetivos, morais, políticos, éticos, cognitivos, sociais etc.

O estudo da dinâmica de sala de aula precisa levar em conta, pois, a história pessoal de cada indivíduo que dela participa, assim como as condições específicas em que se dá a apropriação dos conhecimentos. Isso significa, por um lado, considerar a situação concreta dos alunos (processos cognitivos, procedência econômica, linguagem, imaginário), a situação concreta do professor (condições de vida e de trabalho, expectativas, valores, concepções) e sua inter-relação com o ambiente em que se processa o ensino (forças institucionais, estrutura administrativa, rede de relações inter e extraescolar). Por outro lado, significa analisar os conteúdos e as formas de trabalho em sala de aula, pois só assim se poderá compreender como a escola vem concretizando a sua função socializadora.

O processo de investigação da sala de aula se fará basicamente por intermédio da observação direta das situações de ensino-aprendizagem, assim como por meio da análise do material didático utilizado pelo professor e do material produzido pelo aluno.

Outra dimensão fundamental no estudo das questões do cotidiano da escola é a sociopolítica/cultural, que se refere ao contexto sociopolítico e cultural mais amplo, ou seja, aos determinantes macroestruturais da prática educativa. Esse âmbito de análise inclui uma reflexão sobre o momento histórico, sobre as forças políticas e sociais e sobre as concepções e os valores presentes na sociedade.

É um nível mais profundo de explicação da prática escolar, que leva em conta sua totalidade e suas múltiplas determinações, a qual não pode ser feita nem abstrata nem isoladamente, mas com base nas situações do cotidiano escolar, num movimento constante da prática para a teoria e numa volta à prática para transformá-la.

O destaque a apenas três dimensões tem o objetivo de chamar a atenção para aspectos que não podem ser esquecidos numa investigação da prática pedagógica cotidiana. Não se desconhece a existência de outras dimensões eventualmente tão importantes quanto essas e mais uma vez se reforça a necessidade de considerá-las em sua complexidade e em suas inter-relações.

Principais problemas nos estudos sobre a prática escolar cotidiana

Os problemas usualmente apontados nas pesquisas que se voltam para o estudo da prática escolar cotidiana podem ser sintetizados em três grupos: no desconhecimento dos princípios básicos da etnografia, na falta de clareza sobre o papel da teoria na pesquisa e na dificuldade de lidar teórica e metodologicamente com a complexa questão objetividade x participação.

Retomando um dos princípios da etnografia, o da relativização, que consiste, segundo Dauster (1989, p. 11), "no descentramento da sociedade do observador, colocando o eixo de referência no universo investigado", encontra-se um primeiro ponto para analisar as pesquisas da área de educação. Em que medida esse princípio tem sido levado em conta?

Como nos adverte Erickson (1989), é preciso não confundir a descrição pormenorizada, como técnica de coleta de dados, com a metodologia de observação participante que visa descrever os sistemas de significados culturais dos sujeitos estudados com base em sua ótica e em seu universo referencial. Nesse sentido, a pesquisa etnográfica não pode se limitar à descrição de situações, ambientes, pessoas, ou à reprodução de suas falas e de seus depoimentos. Deve ir muito além e tentar reconstruir as ações e interações dos atores sociais segundo seus pontos de vista, suas categorias de pensamento, sua lógica. Na busca das significações do outro, o investigador deve, pois, ultrapassar seus métodos e valores, admitindo outras lógicas de entender, conceber e recriar o mundo. A observação participante e as entrevistas aprofundadas são, assim, os meios mais eficazes para que o pesquisador se aproxime dos sistemas de representação, classificação e organização do universo estudado. Duas condições, no entanto, são essenciais para que a aproximação — sempre parcial e gradativa — se efetive. Por um lado, as categorias de análise não podem ser impostas de fora para dentro, mas devem ser construídas ao longo do estudo, com base em um diálogo muito intenso com a teoria e em um transitar constante dessa para os dados e vice-versa. Por outro lado, é preciso não perder de vista a centralidade do conceito de cultura. Mesmo reconhecendo as várias conotações do termo cultura: modo de vida; maneiras de pensar, sentir e agir; teias de significado; valores, crenças e costumes; práticas e produções sociais; sistemas simbólicos, o estudo etnográfico deve se orientar para a apreensão e a descrição dos significados *culturais* dos sujeitos, como nos lembram Erickson e Dauster.

O desconhecimento desses princípios faz com que muitos estudos ou tentem encaixar os dados numa "teoria" predeterminada ou supervalorizem os dados empíricos, apresentando-os como se por si só fossem capazes de gerar uma teoria. Tais constatações baseiam-se na revisão e na análise crítica de dez relatórios de pesquisas realizadas em diferentes universidades brasileiras no período de 1986 a 1992 (André *et alii* 1993). Um dos estudos, por exemplo, que se dizia etnográfico, apresentava um referencial teórico inicial (concepções de Emilia Ferreiro) e depois tentava enquadrar as observações de aulas de professoras alfabetizadoras nesse referencial, concluindo haver um grande fosso entre eles. Ora, isso é desconhecer totalmente o princípio da relativização, isto é, que o trabalho etnográfico deve se voltar para os valores, as concepções e os significados culturais dos atores pesquisados, tentando compreendê-los e descrevê-los e não encaixá-los em concepções e valores do pesquisador.

Outro problema detectado nos estudos revistos foi a apresentação dos dados na forma como se manifestam, sem um questionamento mais profundo de suas raízes, de seu significado, de seus condicionantes e de suas implicações. É a confusão entre o procedimento de pesquisa (uso das técnicas de observação e entrevista) e a metodologia de pesquisa (observação participante, que busca os significados atribuídos pelos sujeitos às suas ações e interações). O autor parece acreditar que os dados por si só vão produzir alguma teoria, faltando um exame aprofundado dos mesmos, um tentativa de leitura crítica e de interpretação, no sentido de uma descrição densa, como nos ensina Geertz.

Além disso, nesses estudos, o conceito de cotidiano escolar vem sendo usado num sentido muito estreito — lugar de coleta de dados. Essa concepção limitada tem produzido trabalhos *no* cotidiano da escola, mas não *sobre* o cotidiano da escola. Muito pouco esforço tem sido feito em termos de construir a categoria *cotidiano escolar*. Temos os escritos de Lefèbvre, de Heller e de Kosik que nos ajudam a compreender os conceitos de cotidiano, cotidianeidade e vida cotidiana em geral, mas faltam reflexões e contribuições sobre o que caracteriza a vida escolar cotidiana, quais suas especificidades e relações com esses conceitos mais amplos.

Outro problema encontrado nos estudos que se autoclassificam como etnográficos ou mais genericamente como qualitativos é a falta de clareza sobre o papel da teoria na pesquisa, o que acarreta um verdadeiro divórcio entre o referencial teórico enunciado no princípio do trabalho e o processo de coleta e análise dos dados. Em um dos trabalhos analisados por André *et alii* (1993), por exemplo, a pesquisadora dedica 1/3 do trabalho para a revisão da literatura, quando faz um mosaico teórico que acolhe teorias de aprendizagem, teorias de desenvolvimento, teorias de ensino e de alfabetização sem que haja qualquer ligação orgânica com o trabalho empírico realizado. Não há um diálogo com o conhecimento já produzido, nem avanço com base em descobertas que a observação da prática escolar poderia ter revelado. Os resultados só repetem dados já conhecidos.

Mas qual o papel da teoria na pesquisa etnográfica? Como em outros tipos de pesquisa, a teoria tem um papel fundamental na formulação do problema e na estruturação das questões orientadoras. Para isso, ao definir o tema a ser investigado, o pesquisador faz um amplo estudo da literatura pertinente para verificar que aspectos desse tema amplo já foram explorados e quais ainda carecem de estudo sistemático. Desse passeio pela literatura é que se originam os pontos críticos ou as perguntas que orientam a coleta de dados e as categorias iniciais de análise. Na fase posterior, de trabalho de campo, o pesquisador não segue hipóteses rígidas, fica atento ao surgimento de pistas que o conduzam a novas formulações, novas perspectivas de análise, novas hipóteses. É um momento que requer muita sensibilidade, abertura e flexibilidade para descobertas de categorias e de formas de interpretação do objeto pesquisado. É o momento de fazer a mediação entre a teoria e a experiência vivida em campo, de dialogar com os referenciais de apoio e, então, rever princípios e procedimentos e fazer os ajustes necessários. Na fase final do trabalho etnográfico, quando o pesquisador sistematiza os dados e prepara o relatório, a teoria tem um importante papel no sentido de fornecer suporte às interpretações e às abstrações que vão sendo construídas com base nos dados obtidos e em virtude deles.

Parece que o desconhecimento ou uma visão equivocada do papel da teoria na pesquisa tem sido responsável pela fragilidade de um bom número de estudos etnográficos da área de educação. É urgente que se corrija esse desvio, para que não se comprometa toda uma linha de trabalhos que têm efetivamente trazido importantes contribuições para o conhecimento da prática escolar cotidiana e para o seu redimensionamento.

Além da falta de clareza sobre os princípios básicos da etnografia e de uma visão equivocada sobre o papel da teoria na pesquisa, outro problema identificado nos estudos etnográficos da área de educação é a dificuldade de lidar com a complexa questão objetividade-participação. Na maior parte das vezes, o pesquisador investiga uma situação que lhe é muito familiar e não raramente colhe dados no próprio local de trabalho, na escola em que atua. Um grande risco em ambos os casos, mas muito maior no segundo por motivos óbvios, é uma confusão entre sujeito e objeto do estudo, entre opiniões preexistentes e revelações evidenciadas pelo estudo. O grande desafio nesses casos é saber *trabalhar* o envolvimento e a subjetividade, mantendo o necessário distanciamento que requer um trabalho científico. Distanciamento que não é sinônimo de neutralidade, mas que preserva o rigor. Uma das formas de lidar com essa questão tem sido o *estranhamento* — um esforço sistemático de análise de uma situação familiar como se fosse estranha. Trata-se de saber lidar com percepções e opiniões já formadas, reconstruindo-as em novas bases, levando em conta, sim, as experiências pessoais, mas filtrando-as com apoio do referencial teórico e de procedimentos metodológicos específicos, como por exemplo a triangulação. Nesses casos, o pesquisador busca uma diversidade de sujeitos (pais, alunos, professores, técnicos e, em cada um desses grupos, posições diferenciadas), uma variedade de fontes de informações (entrevistas, observações, depoimentos escritos e orais, documentos) e diferentes perspectivas de interpretação dos dados (psicológica, pedagógica, sociológica, antropológica, linguística, política, filosófica, histórica). Esses cuidados metodológicos e um forte apoio do referencial teórico podem ajudar a manter o distanciamento, diminuindo os problemas apontados.

4
O ESTUDO DE CASO ETNOGRÁFICO

Este capítulo analisa as possibilidades e os limites da metodologia de estudo de caso etnográfico para uma investigação sistemática das situações do cotidiano escolar. Muito embora se fale especificamente do estudo de caso, a maior parte das reflexões aplica-se aos estudos etnográficos em geral.

As razões para a escolha da metodologia de estudo de caso são apresentadas na primeira parte do capítulo: estudo aprofundado de uma unidade em sua complexidade e em seu dinamismo próprio, fornecendo informações relevantes para tomada de decisão.

Em seguida são apontadas algumas de suas vantagens e limitações. Se, por um lado, o estudo de caso etnográfico possibilita uma visão profunda e ao mesmo tempo ampla e integrada de uma unidade complexa, por outro lado demanda um trabalho de campo intenso e prolongado, o que requer tempo e recursos por parte do pesquisador. Se permite a descoberta de aspectos novos ou pouco conhecidos do problema estudado, exige uma base teórica consistente, bom preparo e disposição pessoal do pesquisador para enfrentar o desconhecido, para se movimentar sem regras fixas nem critérios muito definidos.

Na terceira parte do capítulo são discutidas questões de validade, fidedignidade e generalização nos estudos de caso etnográficos.

Na última parte do capítulo são mencionadas as qualidades ou os requisitos esperados de um pesquisador que opte por esse tipo de investigação.

Quando e para que usar o estudo de caso etnográfico

A principal crítica que ouvimos nos dias de hoje sobre a pesquisa educacional, diz Stake (1988), é que ela, em geral, mostra diferenças não significativas entre um grupo experimental e um grupo de controle. Algumas dessas críticas vão além, afirmando que, mesmo que se chegasse a diferenças significativas, os resultados da pesquisa não teriam nenhuma relevância para os problemas da educação. E o próprio Stake argumenta: os estudos de caso pouco têm a dizer a respeito das diferenças significativas, mas respondem muito bem às questões sobre a relevância dos resultados da pesquisa, pois os estudos de caso são extremamente úteis para conhecer os problemas e ajudar a entender a dinâmica da prática educativa. E ele mesmo acrescenta: "Um estudo de caso que retrate um problema educacional em toda a sua complexidade individual e social é uma descoberta preciosa" (p. 254).

A decisão sobre quando e para que se deve usar o estudo de caso etnográfico e não outra estratégia de pesquisa depende naturalmente daquilo que o pesquisador quer saber, isto é, do problema que ele definiu e das questões às quais ele quer responder.

Segundo Stake (1985), a decisão de realizar, ou não, um estudo de caso etnográfico é muito mais epistemológica do que metodológica. E ele explica: se o pesquisador quiser investigar a relação formal entre variáveis, apresentar generalizações ou testar teorias, então ele deve procurar outras estratégias de pesquisa. Mas se ele quiser entender um caso particular levando em conta seu contexto e sua complexidade, então a metodologia do estudo de caso se faz ideal.

Kenny e Grotelueschen (1980) estabelecem alguns critérios para que se decida quando é pertinente usar o estudo de caso. Primeiramente, afirmam eles, deve-se verificar se "os objetivos desejados ou planejados focalizam resultados humanistas ou diferenças culturais e não resultados comportamentais ou diferenças individuais" (p. 3). Em segundo lugar, dizem eles, quando as informações dadas pelos participantes não forem julgadas pela sua veracidade ou falsidade mas "forem sujeitas ao escrutínio com base na credibilidade" (p. 4). O terceiro critério por eles enfatizado é a singularidade da situação: a unidade vai ser escolhida porque representa por si só um caso digno de ser estudado, seja porque é representativo de muitos outros casos, seja porque é completamente distinto de outros casos.

As características selecionadas por Merriam (1988) para definir o estudo de caso também podem servir de critério para determinar quando se deve ou não utilizar essa metodologia. Segundo ela, "os estudos de caso buscam o conhecimento do particular, são descritivos, indutivos e buscam a totalidade. Além disso eles estão mais preocupados com a compreensão e a descrição do processo do que com os resultados comportamentais" (p. 31). A preocupação com o processo, segundo ela, envolve, por um lado, a descrição do contexto e da população em estudo e, por outro lado, a tentativa de verificar como evoluiu o evento, projeto ou programa estudado.

Para Yin (1988) deve ser dada preferência à metodologia de estudo de caso quando: (1) as perguntas da pesquisa forem do tipo "como" e "por quê"; (2) quando o pesquisador tiver pouco controle sobre aquilo que acontece ou que pode acontecer; e (3) quando o foco de interesse for um fenômeno contemporâneo que esteja ocorrendo numa situação de vida real.

Sintetizando ideias de vários outros autores, podemos dizer que o estudo de caso etnográfico deve ser usado: (1) quando se está interessado numa instância em particular, isto é, numa determinada instituição, numa pessoa ou num específico programa ou currículo; (2) quando se deseja conhecer profundamente essa instância particular em sua complexidade e em sua totalidade; (3) quando se estiver mais interessado naquilo que está ocorrendo e no como está ocorrendo do que nos seus resultados; (4) quando se busca descobrir novas hipóteses teóricas, novas relações, novos conceitos sobre um determinado fenômeno; e (5) quando se quer retratar o dinamismo de uma situação numa forma muito próxima do seu acontecer natural.

Vantagens e limites do estudo de caso etnográfico

Quando se vai tomar a decisão sobre se é adequado ou não utilizar a abordagem do estudo de caso, podem-se examinar suas vantagens e limitações como um critério adicional a tal decisão.

É evidente que a escolha de uma determinada forma de pesquisa depende antes de tudo da natureza do problema que se quer investigar e das questões específicas que estão sendo formuladas. No entanto, é útil ponderar as qualidades e os limites de uma metodologia para que se saiba mais claramente o que está sendo ganho e o que está sendo sacrificado.

Uma das vantagens do estudo de caso geralmente mencionadas é a possibilidade de fornecer uma visão profunda e ao mesmo tempo ampla e integrada de uma unidade social complexa, composta de múltiplas variáveis. Para fazer esse tipo de análise, no entanto, o pesquisador necessita investir muito tempo e recursos, seja no trabalho de campo, seja na interpretação e no relato dos dados.

Outra vantagem também associada ao estudo de caso é sua capacidade de retratar situações vivas do dia a dia escolar, sem prejuízo de sua complexidade e de sua dinâmica natural. Isso vai exigir um longo período de permanência em campo e uma boa aceitação pelos participantes, o que requer tempo disponível e muita sensibilidade no contato e nas relações de campo. Mesmo se atendidas tais condições, há ainda o risco de que o pesquisador fique mais atento ao pitoresco, ao inusitado, àquilo que mais se destaca, perdendo-se nas minúcias do dia a dia e deixando de lado as questões mais amplas, as explicações mais profundas, o que comprometeria bastante a validade do relato.

Os estudos de caso também são valorizados pela sua capacidade heurística, isto é, por oferecer *insights* e conhecimentos que clarifiquem ao leitor os vários sentidos do fenômeno estudado, levando-o a descobrir novas significações, a estabelecer novas relações, ampliando suas experiências. Esses *insights* podem vir a se tornar hipóteses que sirvam para estruturar futuras pesquisas, o que torna o estudo de caso especialmente relevante na construção de novas teorias e no avanço do conhecimento na área.

Se por um lado é extremamente positivo que o estudo de caso tenha uma preocupação especial com o leitor, dando elementos para que este use sua experiência vicarial, ampliando ou confirmando sua compreensão do fenômeno, por outro lado essa preocupação levada ao extremo pode levar o pesquisador a eximir-se de um posicionamento sobre o problema estudado. Há certos autores que defendem essa postura, mas no meu ponto de vista seria uma irresponsabilidade e um descompromisso imperdoáveis. Já que o pesquisador detém as informações coletadas que lhe possibilitam, sem dúvida, tomar um posicionamento sobre o caso, ele tem obrigação de divulgar seus pontos de vista sob pena de estar assumindo uma postura de neutralidade incompatível com esse tipo de pesquisa.

A vantagem de que no estudo de caso o pesquisador não parte de um esquema teórico fechado, que limite suas interpretações e impeça a descoberta de novas relações, também apresenta uma contraface que precisa ser aqui mencionada. Muitas vezes os estudos de caso têm sido conduzidos dentro de uma linha essencialmente descritiva que Lijphart (1971) chama de "ateórica". Segundo esse autor, eles são "inteiramente descritivos e se desenvolvem num *vacuum* teórico, não são nem guiados por hipóteses nem motivados por um desejo de formular hipóteses gerais" (p. 691). Embora esses estudos descritivos possam ser especialmente úteis em áreas onde há escasso conhecimento e pouca pesquisa, eles correm o risco de não acrescentar muito ao que já se conhece. Por outro lado, ao se proporem seguir um esquema aberto e flexível, muitos estudos de caso acabam se perdendo na acumulação infinita de dados ou numa análise superficial e inconsistente.

Outra qualidade usualmente atribuída ao estudo de caso é o seu potencial de contribuição aos problemas da prática educacional. Focalizando uma instância em particular e iluminando suas múltiplas dimensões, assim como seu movimento natural, os estudos de caso podem fornecer informações valiosas para medidas de natureza prática e para decisões políticas. É preciso, no entanto, não esquecer que da mesma forma que eles podem ajudar a implementar mudanças que para certas pessoas significam melhoria e aperfeiçoamento, para outras podem significar prejuízo e retrocesso.

Um outro ponto importante quando se trata das contribuições do estudo de caso é sua forte dependência da capacidade, da sensibilidade e do preparo do pesquisador. Ser o principal instrumento de coleta e análise dos dados tem suas vantagens porque quanto maior a experiência e quanto mais aguçada sua sensibilidade, mais bem elaborado será o estudo. No entanto, há que se considerar que nem sempre o pesquisador domina de forma razoável o instrumental teórico-metodológico necessário para o desenvolvimento de um bom trabalho. Além disso, as formas de análise dos dados e de elaboração do relatório final não estão absolutamente prontas em roteiros para serem seguidos, havendo necessidade de que o pesquisador se baseie em seus próprios talentos, sua criatividade e suas habilidades pessoais.

Outro aspecto bastante importante na consideração dos estudos de caso etnográficos são os problemas éticos geralmente presentes nesse tipo de pesquisa. Um pesquisador sem muitos escrúpulos éticos pode selecionar e apresentar somente aquelas informações que lhe forem convenientes. Relacionadas a essa existem outras questões éticas que dizem respeito à revelação de dados que podem afetar negativamente a vida ou comprometer o futuro da instituição, da pessoa ou do programa estudado, ou ainda podem trazer implicações de natureza administrativa num sentido nem sempre desejável.

Validade, fidedignidade e generalização no estudo de caso etnográfico

Finalmente há ainda problemas relacionados à validade, à fidedignidade e à generalização nos estudos de caso. Em seu debate com o professor Stake, Ludke (1983) levanta a seguinte questão: Como é possível, dentro das condições de trabalho do pesquisador brasileiro — que em geral desenvolve suas atividades de pesquisa em paralelo a uma série de outras atividades, administrativas, docentes, culturais —, realizar um tipo de estudo que requer permanência longa e concentrada em campo e uma intensa imersão nos dados? Como conciliar as exigências da prática da pesquisa com as demandas da atividade profissional diária? Parece que encontramos aqui um dilema. Desse dilema, no entanto, partilham outros pesquisadores, de contextos bem desenvolvidos, como é comentado por Robert Walker em um interessante artigo sobre a teoria, a ética e os procedimentos do estudo de caso em educação (Walker 1980). Discutindo formas alternativas de resolver o impasse, ele sugere que o pesquisador educacional desenvolva o trabalho num período *condensado* de tempo, mas procure, deliberadamente, captar e relatar pontos de vista de diferentes grupos relacionados ao caso sob investigação. Segundo o autor, o estudo de caso deve ser um retrato vivo da situação investigada, tomada em suas múltiplas dimensões e em sua complexidade própria. O pesquisador tem, assim, uma certa obrigação de apresentar as interpretações diferentes que diferentes grupos ou indivíduos têm sobre uma mesma situação e deve fazê-lo de tal forma que possibilite uma variedade de interpretações por parte do leitor. Outra exigência seria a explicitação dos métodos e procedimentos usados pelo pesquisador de modo que, se os próprios informantes quisessem continuar o estudo, saberiam que caminho seguir. O processo de investigação deve envolver, ainda, segundo Walker, uma constante negociação entre o pesquisador e os informantes sobre aquilo que é relatado. As negociações nesse caso dizem respeito à acuidade e à relevância daquilo que é selecionado para apresentação, assim como sobre o conteúdo das informações, isto é, o que pode ou não e o que deve ou não ser tornado público.

É evidente que um trabalho de campo concentrado no tempo só vai agravar as críticas geralmente feitas ao estudo de caso, principalmente sobre a validade e a fidedignidade dos dados. Pode-se, contudo, responder a essas críticas lembrando que nesse tipo de pesquisa os conceitos de validade e fidedignidade não devem ser vistos do mesmo modo que no modelo científico convencional. O conceito usual de fidedignidade envolve o confronto ou a relação entre os eventos e a sua representação, de modo que diferentes pesquisadores possam chegar às mesmas representações dos mesmos eventos. No estudo de caso etnográfico esse tipo de problema se coloca de maneira bem diferente, já que o que se pretende é apresentar, com base nos dados obtidos e no posicionamento do pesquisador, uma das possíveis versões do caso, deixando-se aberta a possibilidade para outras leituras/versões acaso existentes. Não se parte do pressuposto de que a reconstrução do real feita pelo pesquisador seja a única ou a correta; aceita-se que os leitores possam desenvolver as suas representações do real e que essas possam ser tão significativas quanto a do pesquisador.

A questão da validade torna-se grave se não é possível permanecer por um período de tempo longo no campo, quando o pesquisador teria oportunidade de corrigir falsas impressões ou esclarecer interpretações duvidosas. Judith Dawson (1982) discute especificamente a questão da validade na pesquisa qualitativa e sugere uma série de procedimentos para aumentar a probabilidade de que os dados relatados tenham validade. Entre outras, ela sugere que o trabalho de pesquisa seja desenvolvido por um grupo de pesquisadores que atuem ao mesmo tempo como autores e como avaliadores críticos do processo, diminuindo as chances de reforçar posições e concepções preconcebidas. Além disso, ela recomenda o emprego de diferentes métodos de coleta de dados, obtidos por intermédio de uma variedade de informantes, em uma diversidade de situações e a subsequente triangulação das informações obtidas. Sugere também a focalização progressiva do estudo, isto é, de uma posição mais aberta no início da pesquisa vão sendo definidos, ao longo do processo, aqueles aspectos específicos que serão aprofundados na coleta e na análise de dados.

Uma das implicações de realizar o trabalho de campo num período concentrado de tempo é que o pesquisador tenderá a complementar os dados de observação com os de entrevista. Já que há a preocupação de retratar a situação pesquisada em suas múltiplas dimensões, ele vai buscar nos informantes a variedade de significados que eles atribuem a essa situação. Para realmente obter os dados necessários, ele terá, sem dúvida, que garantir aos informantes o sigilo das informações e provavelmente o controle sobre o conteúdo e a publicação dos dados. Garantir o sigilo muito provavelmente significará obtenção de dados mais fidedignos, já que se mantém o informante sob proteção. A garantia de controle do conteúdo e da divulgação dos dados pelo informante, no entanto, pode significar mutilação de parte substantiva do estudo. Eis aí uma questão ética bastante delicada. Creio que a melhor maneira de enfrentá-la é discutir prós e contras tanto entre os membros da equipe de pesquisadores quanto entre esses e os informantes. A palavra-chave é negociação.

Quanto à generalização, Stake (1978) considera que os estudos de caso podem fornecer experiência vicária e tornam-se, assim, uma fonte de generalização naturalística. O conhecimento em profundidade de um caso, segundo ele, pode ajudar-nos a entender outros casos. A generalização naturalística se dá no âmbito do leitor que, com base nas descrições feitas pelo autor do estudo e na sua própria experiência, fará associações e relações com outros casos, generalizando seus conhecimentos.

Lincoln e Guba (1985) usam o conceito de transferência em lugar de generalização. Eles partem do princípio de que os resultados da pesquisa são sempre hipóteses provisórias, e afirmam que a transferência é uma função direta da similaridade entre dois contextos. Se o contexto "A" e o "B" são suficientemente congruentes, dizem eles, então as hipóteses de um contexto podem se aplicar ao outro. E acrescentam: não se pode falar em transferência com base apenas no contexto de um estudo. No máximo, o pesquisador pode fornecer informações bem detalhadas do contexto em estudo de modo que o leitor tenha base suficiente para fazer julgamento da possibilidade de transferência para outro contexto. Essa base suficiente de informações os autores identificam como a "descrição densa".

Outros autores sugerem a agregação de dados de diferentes estudos, *surveys* de estudos de casos, realização de múltiplos estudos em diferentes regiões e contextos e posterior comparação de seus resultados. Mesmo variando as estratégias, há alguns pontos de consenso:

a) a generalização no sentido de leis que se aplicam universalmente não é um objetivo da abordagem qualitativa de pesquisa. Alguns dirão que esse não é um objetivo útil em qualquer tipo de pesquisa.

b) a ideia da generalização é aceita por todos no sentido de que os dados de um estudo possam ser úteis para compreender os dados de outro estudo.

c) a *descrição densa* é considerada vital quando se pretende fazer comparação ou transferência de uma situação para outra. A análise de similaridades e diferenças torna possível julgar em que medida os resultados de um estudo podem ser considerados hipóteses sobre o que pode ocorrer ou não em outras situações.

Qualidades do pesquisador

Além de se informar sobre as situações em que o estudo de caso etnográfico é adequado, analisar suas vantagens e limitações, considerar seu potencial de validade, fidedignidade e generalização, o pesquisador precisa também conhecer as características e habilidades pessoais que serão necessárias para o desenvolvimento de um bom estudo de caso.

Alguns podem pensar que esse é um tipo de pesquisa mais simples e mais fácil do que outros, mas na verdade pode ser exatamente o contrário. Yin (1988), por exemplo, acredita que "as demandas do estudo de caso sob o ponto de vista intelectual, pessoal e emocional são maiores do que as de qualquer outra estratégia de pesquisa" (p. 56).

Algumas pessoas se sentirão mais à vontade diante do *design* aberto e flexível da abordagem qualitativa, outras preferirão esquemas mais estruturados e menos ambíguos de trabalho. É por isso que cada um deve considerar, de antemão, se possui as qualidades e habilidades exigidas ou se está disposto a desenvolvê-las.

Como no estudo de caso etnográfico o pesquisador é o principal instrumento de coleta e análise de dados, haverá momentos em que sua condição humana será altamente vantajosa, permitindo reagir imediatamente, fazer correções, descobrir novos horizontes. Da mesma maneira, como um instrumento humano, ele pode cometer erros, perder oportunidades, envolver-se demais em certas situações ou com certas pessoas. Saber lidar, pois, com os prós e contras de sua condição humana é o princípio geral inicial que o pesquisador deverá enfrentar.

Diferentes autores apresentam diferentes listas de qualidades ideais para um pesquisador que deseja realizar um estudo de caso "qualitativo". Merriam (1988) selecionou três que nos pareceram bem abrangentes e que passaremos a comentar.

Para desenvolver um estudo de caso "qualitativo", o pesquisador precisa antes de tudo ter uma enorme *tolerância à ambiguidade*, isto é, saber conviver com as dúvidas e incertezas que são inerentes a essa abordagem de pesquisa. Ele tem que aceitar um esquema de trabalho aberto e flexível, em que as decisões são tomadas na medida e no momento em que se fazem necessárias. Não existem normas prontas sobre como proceder em cada situação específica, e os critérios para seguir essa ou aquela direção são geralmente muito pouco óbvios.

Existem sugestões gerais na literatura e a experiência de outros pesquisadores que sempre podem ser úteis, mas de qualquer maneira há uma série de definições que dependem de cada situação em particular. Decidir o que constitui realmente o caso, como os dados serão coletados, quem será entrevistado ou observado, que documentos serão analisados é uma atividade que pode ser apenas esboçada num primeiro momento, mas terá que ser repensada, redefinida, modificada ao longo da pesquisa. Ela dependerá de como vão ser os contatos iniciais do pesquisador, de sua forma de entrada em campo, de sua aceitação ou não, de sua interação com os participantes e só então é que poderá ir sendo mais especificada.

Além dessa flexibilidade no próprio esquema de trabalho, as decisões sobre como analisar e apresentar os dados também não podem ser predeterminadas, a não ser em linhas bem gerais. É com base na forma como a pesquisa vai se desenvolvendo e em decorrência dela que essas decisões vão ficando mais claras.

É justamente essa estrutura flexível e aberta que torna o estudo de caso atrativo para muitos, principalmente para aqueles que se sentem à vontade diante do novo, do imprevisto, que gostam de trabalhar em condições pouco estruturadas e que aceitam o desafio do incerto, do impreciso. Da mesma maneira, o convívio com um esquema muito aberto de trabalho pode levar outros a se sentirem inseguros e até desestimulados. Assim, o que pode ser uma aventura fascinante para alguns pode também ser uma experiência desastrosa para outros.

Sensibilidade é outra característica frequentemente mencionada quando se fala nas qualidades necessárias ao pesquisador que escolhe a abordagem qualitativa. Ele precisa usar a sua sensibilidade especialmente no período de coleta de dados, quando deve estar atento às variáveis relacionadas ao ambiente físico, às pessoas, aos comportamentos, a todo contexto que está sendo estudado. Além disso ele também vai ter que recorrer às suas intuições, percepções e emoções para explorar o máximo possível os dados que for obtendo. Mais ainda, ele terá que manter uma constante atitude de vigilância para detectar e avaliar o peso de suas preferências pessoais, filosóficas, religiosas e políticas, no decorrer de toda investigação.

O uso da sensibilidade na fase de coleta significa, por um lado, saber ver mais do que o óbvio, o aparente. Significa tentar capturar o sentido dos gestos, das expressões não verbais, das cores, dos sons e usar essas informações para prosseguir ou não nas observações, para aprofundar ou não um determinado ponto crítico, para fazer ou não certas perguntas numa entrevista, para solicitar ou não determinados documentos, para selecionar ou não novos informantes. Por outro lado, o pesquisador vai precisar usar seus sentidos, suas intuições, percepções e experiências para decidir quando iniciar o trabalho de campo, quando torná-lo mais — ou menos — intenso e quando encerrar a coleta de dados.

A sensibilidade também vai ser um importante ingrediente no momento da análise dos dados, já que o pesquisador não dispõe de um conjunto de procedimentos padronizados para serem seguidos passo a passo. Ele vai ter, sim, que se valer basicamente de sua intuição, de sua criatividade e de sua experiência pessoal quando tiver que olhar para o material coletado para tentar apreender os conteúdos, os significados, as mensagens implícitas e explícitas, os valores, os sentimentos e as representações nele contidos. Isso vai acontecer durante o período mais sistemático da análise (já que esta ocorre em todo o desenrolar do estudo). Nesse momento o pesquisador vai fazer uma "leitura" interpretativa dos dados, recorrendo sem dúvida aos pressupostos teóricos do estudo, mas também às suas intuições, aos seus sentimentos, enfim à sua sensibilidade. É esse movimento de vaivém da empiria para a teoria, e novamente para a empiria, que vai tornando possível a descoberta de novos conhecimentos.

Como no estudo de caso o instrumento principal é o pesquisador, um ser humano, as observações e análises serão filtradas pelos seus pontos de vista filosóficos, políticos, ideológicos. E não poderia ser diferente. Quando começa um trabalho de pesquisa, o pesquisador não pode deixar de lado os seus valores, as suas crenças e os seus princípios. No entanto, ele deve estar ciente deles e deve ser sensível a como eles afetam ou podem afetar os dados. Ele precisa, em primeiro lugar, saber identificá-los para revelá-los ao leitor. Ele pode, em segundo lugar, usar algumas medidas para controlá-los, usando, por exemplo, a triangulação de fontes, de informantes, de perspectivas teóricas. No entanto, o melhor remédio para controlar as tendenciosidades, segundo Guba e Lincoln (1981), "é ter clareza sobre como elas dirigem e modelam aquilo que ouvimos, como elas afetam a nossa forma de reproduzir a realidade dos informantes e como elas transformam a verdade em coisa falsa" (p. 148).

Além de ser tolerante às ambiguidades e ser uma pessoa sensível, o pesquisador precisa também, de acordo com Merriam (1988), *ser comunicativo*. E ela explica: "Uma pessoa comunicativa é empática com os informantes, estabelece *rapport*, faz boas perguntas e ouve atentamente" (p. 39).

A empatia vem sendo apontada há muito como uma característica essencial dos pesquisadores que realizam trabalho de campo. Ela se constitui num dos princípios básicos da fenomenologia, que está nas raízes dos estudos qualitativos. Segundo esse princípio, o observador deve tentar se colocar no lugar do outro para tentar entender melhor o que está dizendo, sentindo, pensando. Ela é, portanto, um importante componente nas situações em que o pesquisador interage com os sujeitos para obter os dados que lhe permitirão compreender melhor o fenômeno em estudo.

Se a empatia vai ser muito útil nas conversas e nas negociações iniciais que darão acesso ao trabalho de campo, ela vai ser ainda mais fundamental nas entrevistas que serão feitas durante o estudo. A obtenção de dados relevantes, significativos depende muito do tipo de *rapport* estabelecido pelo entrevistador. Se há um clima de confiança, as informações fluirão mais naturalmente e com isso o entrevistador se sentirá mais à vontade para ir mais a fundo num determinado aspecto, tocar em questões mais delicadas e explorar pontos de vista controvertidos.

Para que seja criado esse ambiente de acolhimento por parte do entrevistador, ele precisa ser, sobretudo, uma pessoa que saiba ouvir. Ele precisa ouvir com atenção aquilo que está sendo dito, precisa ser paciente com as pausas, com as explicações complexas, com a falta de precisão. Mas, por outro lado, ele precisa também saber usar bem o seu tempo e o do informante e então ser capaz de interromper na hora em que for necessário, fazer novas perguntas, refrasear uma questão etc. Ele precisa, também, tentar ouvir com atenção as opiniões, os argumentos, os pontos de vista que divergem dos seus próprios, já que o estudo de caso deve procurar representar as diferentes perspectivas dos diferentes grupos que têm algum envolvimento com o caso analisado.

Finalmente, há uma habilidade que não foi enfatizada por Merriam (1988) e que também é mencionada muito rapidamente em outras publicações, mas a que eu gostaria de dar especial destaque, que é a habilidade de expressão escrita. Muitas vezes, o trabalho de campo é conduzido com todo cuidado, os dados obtidos são ricos, significativos, mas o pesquisador não consegue montar o caso, ou seja, não consegue pôr em palavras aquilo que observou, ouviu e sentiu. Algumas vezes essa dificuldade ocorre pela massa enorme de dados acumulados ou por outras razões próprias à metodologia de coleta e análise, mas muito frequentemente ela decorre de uma grande dificuldade de lidar com a palavra escrita.

O que se pode fazer quando isso acontece? Existem, naturalmente, outras formas de apresentação do caso, como o desenho, a fotografia, a história em quadrinhos, o vídeo, mas muitas vezes o relato escrito torna-se indispensável. Nesses casos o que pode ser feito é, em primeiro lugar, reservar bastante tempo para a elaboração do relatório. Além disso é preciso ser bastante persistente, não hesitando em fazer uma, duas ou até dez versões do caso até que realmente se consiga expressar a riqueza, a complexidade e o movimento do que foi observado, ouvido, partilhado. É evidente que, quando o trabalho de pesquisa é realizado em equipe, essa fase torna-se menos penosa, porque os diversos membros do grupo podem colaborar mais ativamente com seus talentos e suas habilidades pessoais, fazendo com que o resultado possa ser atingido em menos tempo e sem tanta dificuldade.

A grande questão que aparece ao final dessa discussão é a seguinte: Em que medida essas habilidades podem ser ensinadas ou aprendidas? Alguns autores, como Yin (1988), recomendam que haja um período de treinamento para os novos pesquisadores. Outros, como Merriam (1988), consideram que, quando essas características estão presentes de alguma forma na personalidade do indivíduo, elas podem ser desenvolvidas. Ela também acredita que quase todo mundo pode aperfeiçoar as suas habilidades de comunicação. Guba e Lincoln (1981) também acham que o pesquisador pode aperfeiçoar essas habilidades expondo-se a situações que lhe permitam ganhar experiência e principalmente trabalhando com um pesquisador experiente.

Com base na minha experiência de pesquisa eu diria que as dificuldades com a expressão escrita são um forte condicionante na escolha da estratégia do estudo de caso etnográfico. É preciso que as várias condições anteriormente mencionadas — como um longo período para elaboração do relatório, persistência, ajuda de outros colegas, supervisão de um pesquisador mais experiente — estejam presentes para que essa dificuldade possa ser superada.

Acredito, no entanto, que existe uma forma muito efetiva de propiciar o desenvolvimento dessas habilidades: o trabalho coletivo de pesquisa. Tanto na minha própria formação de pesquisadora quanto nos vários grupos que formei ao longo de minha carreira universitária, pude testemunhar a enorme contribuição do trabalho conjunto, seja para consolidar uma linha de pesquisa, seja para estimular e desenvolver habilidades e atitudes necessárias ao trabalho de investigação.

PARTE II
A PRÁTICA DA PESQUISA ETNOGRÁFICA

5
ESTUDOS SOBRE A PRÁTICA ESCOLAR DO ENSINO FUNDAMENTAL

Vou retomar aqui três pesquisas do tipo etnográfico que foram realizadas em escolas de ensino fundamental. A ordem de apresentação das pesquisas será a cronológica porque ela possibilita que eu explicite mais claramente o processo de revisão crítica a que foi submetido cada um dos trabalhos e as tentativas que foram sendo feitas para superar os problemas encontrados.

A primeira pesquisa investiga a prática docente de 20 alfabetizadoras, consideradas bem-sucedidas, que estavam atuando na rede pública de ensino da cidade do Rio de Janeiro no ano de 1983. Descrevo os objetivos da pesquisa, os procedimentos de coleta de dados, as conclusões e algumas limitações teórico-metodológicas do estudo.

A segunda pesquisa focaliza o trabalho pedagógico de uma escola localizada em uma favela da cidade do Rio de Janeiro. Na tentativa de rever criticamente o trabalho, retomo os objetivos pretendidos, os procedimentos utilizados para alcançá-los, destaco suas principais conclusões e aponto algumas de suas limitações.

Os dados da terceira pesquisa foram coletados durante o ano letivo de 1986 em uma escola da rede pública da cidade do Rio de Janeiro. A preocupação maior nesse trabalho foi com os movimentos de dominação e resistência presentes nas relações escolares e mais especificamente em duas turmas de 4ª série do ensino fundamental.

Concluo o capítulo destacando as principais questões suscitadas pela revisão das pesquisas: a escolha do referencial da resistência e o enfoque nas práticas bem-sucedidas.

Estudo sobre alfabetizadoras bem-sucedidas

Em 1983, realizamos uma pesquisa sobre as práticas de alfabetização de 20 professoras da rede pública da cidade do Rio de Janeiro (Kramer e André 1984). O que buscávamos e o que aprendemos com esse estudo?

Pretendíamos, em termos gerais, conhecer o trabalho desenvolvido por professoras que estavam tendo sucesso na alfabetização de crianças da escola pública, apesar dos limites de suas condições de trabalho e formação. Para a escolha das professoras usamos os índices de aprovação do ano anterior (acima de 80%), indicação de colegas, de supervisores e da Secretaria de Educação.

Em termos específicos tentávamos investigar: (1) como a professora lidava com a problemática da disciplina na sala de aula; (2) se e como eram utilizadas as experiências e vivências culturais das crianças; e (3) quais os critérios que a professora usava para considerar seus alunos alfabetizados.

A coleta de dados centrou-se basicamente na observação das aulas, tendo como alvo as práticas de trabalho da professora.

As conclusões do estudo apontaram, em primeiro lugar, uma inter-relação dos elementos que caracterizam a prática pedagógica. Verificamos que não era possível, por exemplo, estudar a questão da disciplina de modo isolado, pois esta aparecia intimamente associada ao modo de lidar com o conteúdo e às manifestações afetivas da professora, levando, em consequência, a um interesse e a uma vibração dos alunos por aprender. Estes aspectos — conteúdo/disciplina/afeto/aprendizagem — também aparecem associados ao compromisso da professora com o ensinar.

Essa foi uma lição bastante importante que aprendemos com o estudo das práticas de alfabetização: a quase impossibilidade de considerar, de forma isolada, os elementos que compõem o fazer pedagógico. Essa constatação permite, como contrapartida, destacar uma das contribuições da pesquisa do tipo etnográfico, qual seja a de investigar a prática escolar na sua totalidade e complexidade.

Uma outra conclusão da pesquisa foi a diversidade existente entre as professoras consideradas bem-sucedidas. Por um lado, havia aquelas que mais se aproximavam do tipo "tradicional", seguindo de perto a cartilha, obedecendo a uma sequência de atividades bastante rígida e interagindo com as crianças de forma mais autoritária. Por outro lado, havia professoras que desenvolviam atividades bem criativas e estimulavam a participação e a imaginação das crianças. Havia ainda outras que combinavam uma forma mais "convencional" de atuação com situações de estímulo à inventividade e à participação dos alunos.

Concluímos, naquela ocasião, que não existia um modelo único de professora bem-sucedida, mas não tínhamos elementos para analisar mais a fundo o motivo de encontrarmos práticas tão heterogêneas.

Como havíamos centrado nossa observação nas professoras, deixamos de examinar se e em que medida essa variação se relacionava ao tipo de contexto institucional em que elas atuavam. Verificamos apenas que algumas tinham um apoio pedagógico-administrativo bastante definido e outras não tinham qualquer suporte. Verificamos também que algumas escolas possuíam uma proposta pedagógica e outras não. Faltou, portanto, uma análise da relação entre o contexto pedagógico e as práticas específicas das professoras.

Esta foi, pois, a outra lição que aprendemos: que a investigação da prática docente não deve se esgotar no espaço da sala de aula, pois pode haver ligações diversas entre essa dinâmica social e as formas de organização do trabalho escolar, as quais não podem ser desconhecidas.

Estudo sobre as práticas de uma escola da favela

Tentando superar algumas das limitações identificadas no estudo sobre as professoras alfabetizadoras, a próxima pesquisa focalizou o trabalho docente realizado em uma escola localizada em uma favela do Rio de Janeiro (André e Mediano 1986).

O objetivo geral da pesquisa era verificar o tipo de prática pedagógica que interfere de forma positiva no desempenho escolar das crianças das camadas populares. Com isso pretendíamos fornecer elementos que pudessem servir de base para programas de intervenção no primeiro segmento do ensino fundamental.

A coleta de dados desenvolveu-se durante o ano letivo de 1984, envolvendo observações de seis turmas das quatro primeiras séries do ensino fundamental. Foram feitas também observações da entrada e saída dos alunos, do recreio, da sala de encontro dos professores e de vários tipos de reuniões pedagógicas, de Conselhos de Classe, de reuniões de pais e de festas escolares.

Além das observações, foram feitas entrevistas com as seis professoras, com a diretora, com a assistente de direção, com a supervisora e a merendeira da escola, com três ex-diretores, dois ex-professores e com pais pertencentes à diretoria da Associação de Moradores da favela. Houve ainda entrevistas coletivas com os alunos das turmas observadas.

Pôde-se perceber, pela descrição das técnicas de coleta de dados, que havia uma tentativa de ampliar, de forma substantiva, a análise da prática escolar, em comparação com a pesquisa anterior.

Procuramos explorar mais intensamente a dimensão institucional, recuperando a história da escola; tentando compreender suas relações com a comunidade; investigando os mecanismos de poder e de decisão vigentes; e analisando as relações entre a estrutura do trabalho escolar e as práticas de sala de aula.

Ampliamos também o âmbito de estudo da dimensão instrucional, incorporando uma análise das representações das professoras sobre a sua própria prática assim como sobre a escola e o aluno. Acrescentamos a isso as informações obtidas nas entrevistas feitas com os pais e com os alunos, nas quais pudemos verificar a visão e a importância atribuída à escola.

Os resultados da pesquisa mostraram haver uma diferença muito grande entre as séries iniciais (1ª e 2ª) e finais (3ª e 4ª) quanto à organização das crianças na sala, às formas de ensinar, à rotina de trabalho e à relação professor-aluno. Examinando com cuidado essas diferenças, nós as associamos à existência, na escola, de um projeto pedagógico, fundamentado na perspectiva de Paulo Freire, que vinha sendo implementado na 1ª e 2ª séries, com acompanhamento da supervisora da escola e que seria posteriormente estendido às demais séries.

Esse projeto envolvia um trabalho coletivo dos professores, coordenado pela supervisora, implicando reuniões semanais para discussão, análise e revisão das práticas de sala de aula, assim como para planejamento de atividades comuns, troca de materiais e avaliação dos resultados de aprendizagem.

Outra conclusão da pesquisa foi a existência de uma estreita relação entre a escola e a comunidade. Verificamos que havia uma abertura para a participação dos pais em atividades escolares, assim como na discussão de questões pedagógicas. Notamos também um grande empenho da direção para conhecer os problemas e tratar de questões de interesse da comunidade por meio do contato frequente com a Associação de Moradores da favela.

Finalmente, os dados da pesquisa reforçaram dois achados do estudo anterior: um referente à disciplina e outro referente ao entusiasmo das crianças pela aprendizagem. Observamos haver uma preocupação generalizada, por parte de professores e técnicos, com a disciplina, tanto no nível da escola como um todo quanto em sala de aula. Isso ficava evidente na movimentação das crianças na entrada e na saída das aulas, no recreio e na merenda, situações nas quais dominava um clima de ordem, limpeza e de aparente harmonia entre adultos e crianças. Esse clima de organização parecia afetar positivamente o ensino e a aprendizagem em sala de aula, onde os problemas de indisciplina eram raríssimos e onde se notava uma grande disposição das crianças para aprender.

As razões desse ambiente propício ao trabalho escolar parecem estar relacionadas à existência do projeto pedagógico, que definia claramente os fins a alcançar com a escolarização e estabelecia as estratégias para sua concretização. Ao lado disso, havia uma supervisora competente que, além de criar as condições necessárias à implementação desse projeto, contando com todo o apoio da direção, colocava-se a serviço dos professores, discutindo com eles suas dificuldades e buscando soluções para uma atuação efetiva com as crianças das camadas populares.

A participação ativa dos alunos nas aulas, assim como seu interesse e seu envolvimento nas atividades, vem apenas demonstrar que o aluno da escola pública não é apático e desinteressado como afirmam alguns. O que parece ser necessário é o que disse a supervisora: "Que descubramos formas de trabalhar com eles".

Uma das lições que tiramos dessa pesquisa é o efeito que uma proposta mais abrangente pode ter na qualidade do trabalho desenvolvido na escola. Muito relacionada a essa, mas se destacando dela pela sua relevância, é a contribuição que uma supervisora comprometida com os problemas da sala de aula e com as necessidades dos alunos pode oferecer no sentido da construção de uma prática docente efetiva.

Adicionando-se a essas, podemos destacar a contribuição que a pesquisa do tipo etnográfico pode trazer para um entendimento das inter-relações entre o dentro e o fora da sala de aula. Usando uma abordagem teórico-metodológica que supõe o contato direto do pesquisador com o acontecer diário da prática escolar e uma apreensão dos significados atribuídos a ela por seus agentes, torna-se possível reconstruir as redes de relações que se formam enquanto se dá o processo de transmissão e assimilação de conhecimentos na escola.

Tentando rever criticamente as contribuições e os limites dessa pesquisa, podemos dizer que o ganho, em relação à anterior, foi a realização de uma análise mais articulada das dimensões que compõem o dia a dia da escola. A principal limitação foi uma certa dificuldade de explicar teoricamente alguns momentos de descontinuidade e de ruptura observados na dinâmica de trocas e de relações que constitui a vida escolar.

Com o propósito de superarmos essa dificuldade, centramos o nosso próximo estudo na análise das relações sociais expressas no cotidiano escolar, preocupando-nos mais atentamente com os movimentos de dominação-resistência que nele estão presentes.

Dominação e resistência no cotidiano escolar

Escolhemos uma escola da rede pública da cidade do Rio de Janeiro para nosso lócus de investigação. Coletamos os dados durante o ano letivo de 1986, por meio de observações sistemáticas das atividades da escola. Estivemos presentes também, três vezes por semana, em duas turmas de 4ª série. A essas informações juntaram-se dados de entrevistas e de contatos informais com o pessoal técnico da escola, com as professoras das turmas observadas e com seus alunos (André *et alii* 1987).

Como se pode notar nessa breve descrição dos métodos de coleta, as diferenças em relação ao estudo anterior foram mínimas. A mudança fundamental ocorreu no enfoque teórico utilizado, isto é, na definição de uma perspectiva dialética de análise das relações sociais expressas no cotidiano escolar e no aprofundamento das concepções de dominação-resistência.

O conceito de resistência tem sido proposto como uma forma de superação das teorias pessimistas da reprodução cultural e social. Segundo Giroux (1986), o grande mérito da discussão sobre resistência é um novo modo de analisar as explicações sobre o fracasso escolar e os comportamentos de oposição. Deixa-se de considerá-los dentro da lógica do desvio, da patologia individual ou do abandono para focalizá-los dentro da lógica da "indignação moral e política".

Aliando concepções dos neomarxistas com os estudos etnográficos, vários trabalhos vêm sendo desenvolvidos nos últimos anos, tomando o conceito de resistência como ponto de partida para redefinir a importância do poder, da ideologia e da cultura no entendimento das relações entre escolarização e sociedade (Willis 1977; Everhart 1983; McRobbie 1978). Esses trabalhos procuram ir além das análises descritivas da prática escolar, examinando como os determinantes socioeconômicos "operam através de mediações de classe e cultura para moldar as experiências antagônicas vivenciadas cotidianamente pelos alunos" (Giroux 1986, p. 135).

Alguns autores afirmam que a resistência é um construto teórico e ideológico que permite focalizar, sob novo ângulo, as relações da escola com a sociedade. Apontando os conflitos e as tensões existentes em espaços sociais como a escola, esses autores afirmam que os mecanismos de reprodução cultural e social não são tão determinísticos como parecem ser, pois eles encontram elementos de oposição e contestação, às vezes mais às vezes menos conscientes. Segundo esses autores, são os comportamentos contraditórios e ambíguos e as situações de conflito presentes na realidade social que permitem que tal resistência apareça (Giroux 1986; Apple 1986).

A resistência constitui-se, assim, em um conjunto de práticas que assumem um caráter de oposição, de negação, de rejeição por parte dos dominados, numa tentativa de barrar a dominação e de não perder sua identidade cultural.

Seria impossível retomar aqui todas as considerações que esse enfoque nos possibilitou, seja do "clima" institucional, seja da relação pedagógica de sala de aula ou da inter-relação de ambos. Apenas a título de ilustrar o potencial envolvido neste tipo de análise, apresentarei alguns extratos do nosso relatório de pesquisa (André *et alii* 1987) quando tratamos da questão da disciplina.

Ao observarmos os comportamentos de alunos, professores, pais e direção no momento da entrada ou da "forma", nós verificamos que:

> A escola continua a manter uma forma arcaica de disciplina, obrigando os alunos a se organizar em filas/formas. Não há qualquer preparação ou discussão a respeito do valor de tal norma, como de nenhuma outra decisão ou prática. Há uma imposição de cima para baixo a que ninguém quer se submeter, mas que também ninguém assume romper ou modificar. Parece haver consenso, em nível ideológico, que os alunos precisam formar, que é bom para a organização da escola começar o dia vendo todos os seus alunos. Quanto aos alunos, enquanto podem, vivem o momento deles conversando, brincando, sem dar muito peso à rigidez disciplinar que em muito se assemelha à vida militar... (p. 170)
>
> Percebe-se, através de comentários feitos por algumas professoras, que a forma facilita uma visão global da turma antes da entrada em classe, pois "nota-se quem veio e quem faltou". (p. 171)
>
> Do ponto de vista dos pais, que parecem concordar com "menino precisa de ordem", aquela forma é necessária...
>
> Um pai afirmou: "Se eles aprendem a se comportar aqui, em casa é mais fácil". (p. 171)
>
> Existe uma contradição nítida: mesmo sendo uma situação de aparente controle rígido, é nela que se dão os rompimentos da rigidez e é quando os encontros afetivos acontecem entre alunos, alunos e professores, professores entre si e com os pais e entre os próprios pais. O momento da forma parece ser necessário para se configurar a totalidade social da escola, pois salvo festinhas que expressam comemorações mais gerais, a escola só dispõe dessa oportunidade para ficar junta como um todo, mesmo que por turnos. (pp. 171-172)

Vamos agora nos aproximar da sala de aula para verificar como se dá esse jogo de relações sociais:

Observa-se, nitidamente, uma dissonância entre o que o aluno deseja e como ele deseja e o que a escola oferece e como oferece. Parece ser verdade que os alunos gostariam de ter um espaço maior para falar de si, das suas experiências, de desenharem coisas relacionadas a elas e as verem sendo discutidas na sala de aula com a mesma importância daquele texto trazido pelo professor.

A professora quer que os alunos pensem como ela, os alunos pensam as suas representações da vida e a partir delas, sua *práxis*, que na maioria das vezes contradiz um conjunto de valores pregados pela mestra. (p. 185)

O nível de participação aumenta quando a professora cria um espaço para os alunos relatarem as suas experiências pessoais. Parece que os "tamborins esquentam e o samba aquece a rua" quando os alunos conquistam esse espaço. O alunado disputa uma chance para falar de si, da sua família, de suas experiências no trabalho, no lazer, na escola... (p. 186)

Para a professora conseguir transmitir um certo conteúdo e conseguir atenção da classe, precisa afinar o seu tamborim no ritmo do grupo, senão não conseguirá ser escutada. Se ela não se dispõe a "entrar na" dos alunos, percebe-se um jogo de agressões disfarçadas. Por parte da professora estas se traduzem em broncas, mais dever, olhares de repreensão...

Por parte dos alunos surgem, disfarçada ou acintosamente, as atitudes de sabotagem, de agressões verbais: "Eu odeio a senhora" ou "Detesto essa matéria".

Constatou-se que quando há um interesse geral na tarefa que realiza, o alunado consegue se disciplinar mais. Parece haver uma forte relação entre disciplina e interesse na tarefa, aliás esse dado tem sido confirmado pelas pesquisas sobre o cotidiano escolar... (p. 187)

Poderíamos rever aqui muitas outras situações do cotidiano escolar em que o confronto social está presente, encontros e desencontros explicitam-se, aproximações e rejeições manifestam-se, comportamentos de subordinação e de resistência vêm à tona. Não há, porém, tempo nem espaço para tanto.

Limitar-me-ei, assim, a pontuar algumas contribuições que a pesquisa do tipo etnográfico pode oferecer quando se utiliza uma perspectiva dialética para análise das relações sociais que se expressam no cotidiano escolar.

O estudo possibilitou afirmar a *complexidade* da prática educativa. Qualquer análise da escola centrada num único elemento do todo pedagógico vai se apresentar inevitavelmente incompleta, faltosa, inacabada. O que acontece dentro da escola é muito mais o resultado da cadeia de relações que constrói o dia a dia do professor, do aluno e do conhecimento e muito menos a atitude e a decisão isoladas de um desses elementos. Os anéis dessa cadeia ligam-se de várias maneiras aos anéis que compõem o todo institucional, o qual se articula de muitas maneiras com as várias esferas do social mais amplo. A análise da prática escolar cotidiana não pode, portanto, desconhecer essas múltiplas articulações, sob pena de se tornar limitada, incompleta.

Houve, por outro lado, a possibilidade de recompor o *movimento* que configura as relações sociais que se constroem no cotidiano da prática escolar. Só a partir do momento em que o instrumental teórico, que fundamenta a inserção na realidade social, oferece elementos para se compreender a realidade como algo dialético e não como algo positivo, é possível chegar um pouco mais perto do confronto que caracteriza todas as esferas da prática humana e, no caso específico, a esfera da educação escolar.

É preciso lembrar que a jornada escolar é realizada por indivíduos em relação, produtores e produto de determinados encontros e simultaneamente de desencontros. Os sujeitos, quando entram na escola, não deixam do lado de fora aquele conjunto de fatores individuais e sociais que os distinguem como indivíduos dotados de vontade, sujeitos em um determinado tempo e lugar. Identificar essas características situadas e datadas é condição fundamental para se aproximar da "verdade" pedagógica.

De modo geral, o que essa pesquisa significou foi a possibilidade de percebermos o dinamismo da jornada escolar, o que só se tornou compreensível quando a contradição passou a ser a categoria central da investigação do real pedagógico.

Concluindo esta revisão de estudos voltados para as situações específicas do cotidiano da escola de ensino fundamental, podemos afirmar que eles oferecem uma contribuição significativa ao desvelamento da prática docente. Usando enfoques teóricos bem definidos, eles permitem uma compreensão mais profunda do fazer pedagógico, ultrapassando interpretações do senso comum e sugerindo caminhos para seu redimensionamento.

Principais questões nos estudos sobre a prática escolar

Revendo, em termos mais globais, os estudos sobre a prática escolar cotidiana, podemos identificar pelo menos dois pontos críticos.

Um deles diz respeito ao uso do referencial da teoria da resistência na análise das situações do cotidiano escolar. Esse referencial tem sido alvo de críticas tanto por transmitir uma visão romântica da realidade quanto por se centrar em indivíduos ou grupos e não em classes sociais ou na ação política organizada (Arroyo 1991).

O outro problema tem a ver com o enfoque nas práticas bem-sucedidas, em que surgem indagações que vão desde os critérios para escolha do que é o bem-sucedido até a própria abordagem metodológica utilizada nesses estudos (Dias da Silva 1992).

Quanto ao primeiro problema, o que podemos dizer é que precisamos ter um certo volume de trabalhos que façam uso desse referencial para que tenhamos elementos que possam contestar — ou não — as críticas feitas.

Segundo Arroyo (1991), a teoria da resistência explica o processo de produção-reprodução cultural de forma simplista e reducionista, além de transmitir uma visão romântica das relações sociais. Segundo ele, a problemática da resistência é marcada pelo

> interacionismo fenomenológico. Em vez de ênfase nos mecanismos estruturais que socializam os indivíduos, que os formam e deformam, o que é destacado são indivíduos — não as classes sociais —, suas atividades, ações e reações, sobretudo simbólicas. (p. 30)

Fica evidente, nas palavras de Arroyo, a preferência por outro enfoque teórico em contraposição ao que ele chama de "interacionismo fenomenológico" (principalmente em sua ênfase à perspectiva do sujeito). São visões teóricas distintas e conflitivas, que não podem ser resolvidas no âmbito da discussão teórica ou metodológica; implicam uma opção político-ideológica que é, nesse sentido, incontestável.

Mas, se Arroyo aponta a face negativa do referencial da teoria da resistência, outros autores, como Giroux (1986) e Dias da Silva (1992), revelam a sua face positiva. Talvez o aspecto mais promissor desse referencial, dizem esses autores, seja o fato de destilar uma certa esperança pedagógica, ao mostrar que as atitudes e os comportamentos autoritários e dominadores, tão comuns nas atividades escolares, não são sempre recebidos de forma passiva e indiferente pelos dominados. Mas existem, por parte destes, movimentos, atitudes, reações que sugerem consciência da dominação e desejo de mudar, de criar uma nova ordem nas relações sociais.

Mesmo tendendo a concordar com os defensores do enfoque da resistência, não podemos deixar de apontar alguns de seus problemas. Distinguir os comportamentos que constituem efetivamente resistência à dominação e têm interesse emancipatório explícito, de meras atitudes de insubordinação e indisciplina é um dos grandes desafios dos que optam por esse referencial. Há alguns comportamentos que se revelam mais explicitamente como momentos de luta e oposição política, outros são mais ambíguos e indefinidos e outros ainda simplesmente não se manifestam, embora possam estar latentes. Como reconhecer essas diferentes formas de resistência? Como distingui-las? Como separar expressões de indignação política de outras que não o são?

Essas questões só vão poder ser respondidas quando dispusermos de um número razoável de estudos nos quais essas preocupações estejam presentes e o pesquisador utilize medidas que possam aclará-las. Só então poderemos acolher — ou refutar — com mais segurança as críticas e objeções ao uso desse referencial.

Voltando agora ao segundo problema, as indagações comumente feitas são as seguintes: Como decidir quem são os professores, as escolas ou as práticas bem-sucedidas? Alguns trabalhos utilizam a indicação de diretores, supervisores ou de técnicos das Delegacias de Ensino (Coelho 1989); outros, a indicação dos alunos (Cunha 1988); outros ainda, o índice de aprovação do professor (Kramer e André 1984) e outros, uma combinação desses vários critérios (André e Mediano 1986; Guarnieri 1990; Libâneo 1984, Monteiro 1992).

As críticas dizem respeito à possibilidade de legitimação, por parte do pesquisador, de escolhas que se baseiam em modelos de competência muito questionáveis ou mesmo em preferências pessoais ao se aceitar, por exemplo, a indicação de diretores ou de técnicos da Secretaria de Educação ou dos alunos (Dias da Silva 1992). Mesmo no caso em que a definição das alfabetizadoras bem-sucedidas foi o índice de aprovação do ano anterior, podem-se levantar questões sobre os critérios de avaliação da professora, sobre o que ela considera um aluno alfabetizado, sobre o projeto pedagógico da escola etc.

Uma das possíveis maneiras de superar essas dificuldades é não considerar os critérios adotados como definitivos, mas submetê-los a críticas no desenrolar do trabalho, isto é, levantar dúvidas sobre a sua pertinência ao longo da pesquisa.

É também desejável que as análises das práticas bem-sucedidas não se orientem por uma visão dicotômica do tipo bons e maus professores, mas que deixem emergir as diferenças, os matizes, as gradações dentro do grupo estudado, já que tanto na pesquisa de Kramer e André (1984) quanto na de Guarnieri (1990) ficou evidente que não se pode falar num modelo único de competência, mas em diferentes graus de competência.

Outra crítica também feita a esse tipo de pesquisa diz respeito ao próprio conceito do pesquisador sobre o que seja um bom professor. A pergunta-chave é a seguinte: O professor é bem-sucedido em que e para quem?

A ela se poderia responder dizendo que, ao optar por uma abordagem qualitativa, o pesquisador tem consciência de que deve explicitar suas escolhas, seus pontos de vista, seus valores, suas concepções. Além disso, dentro dessa linha de pesquisa admite-se que não existe uma única e exclusiva forma de interpretação do real. É fundamental, portanto, que o pesquisador revele os argumentos e os fundamentos que o levaram a definir o professor competente, o que permitirá ao leitor um juízo sobre sua validade.

Finalmente, pode-se também criticar a metodologia usualmente empregada nessas pesquisas, que muitas vezes se limita a descrever as práticas dos docentes, seja por intermédio da observação direta das situações de sala de aula, seja por meio dos seus próprios depoimentos. Deixam assim de ser respondidas indagações fundamentais sobre os determinantes e processos que levam esses docentes a desenvolver um trabalho diferenciado dos seus pares, o que requer, por exemplo, o uso da metodologia de história de vida e um estudo mais aprofundado do contexto sociopolítico e cultural que cerca essas práticas.

Mesmo reconhecendo a existência dos problemas apontados, não se pode deixar de destacar importantes contribuições das pesquisas que analisam as práticas bem-sucedidas para a compreensão do trabalho docente e para repensar os cursos de formação e de aperfeiçoamento docente.

Esses estudos têm mostrado que existe um saber que vai sendo construído pelos professores com base nas situações concretas encontradas no seu ambiente de trabalho e que estão relacionadas ao tipo de aluno que eles têm, às condições e aos recursos institucionais, às representações que eles vão gerando sobre o seu trabalho, as quais por sua vez decorrem de suas experiências vividas — seu meio cultural, sua prática social, sua origem familiar e social, sua formação acadêmica.

Aproximar-se, portanto, desse saber, explicitando-o, compreendendo-o, analisando-o em profundidade pode revelar pistas sobre como formar professores ou como propor práticas alternativas que estão "dando certo" na difícil situação do ensino brasileiro, hoje.

Outra razão que nos motiva a investigar a prática de bons professores é o deslocamento do foco de atenção do fracasso para o sucesso. Consideramos que as mazelas da escola brasileira vêm sendo bastante exploradas, mas pouco se tem dito sobre aquilo que vem dando certo, sobre o que vem sendo tentado e os êxitos que vêm sendo obtidos. Por que não voltar os olhos para a face positiva da escola e procurar aprender algo de seus sucessos?

6
ESTUDO SOBRE AS PRÁTICAS DE FORMAÇÃO DE PROFESSORES

O objetivo deste capítulo é apresentar e discutir uma pesquisa sobre as práticas de formação do professor das primeiras séries do ensino fundamental. Tentando superar problemas encontrados nos trabalhos anteriores, a primeira fase da pesquisa constou de um período exploratório para definir mais precisamente os focos de investigação e a metodologia a ser utilizada.

Com base na análise dos resultados dessa fase piloto, decidiu-se realizar estudos de caso sobre professoras de didática da HEM (Habilitação Específica para o Magistério) consideradas bem-sucedidas, tentando encontrar em suas histórias de vida e em sua prática docente cotidiana elementos que nos ajudassem a compreender o processo de construção do seu saber docente.

Para complementar as informações colhidas mediante os estudos de caso, foi planejado e desenvolvido um *survey* com as professoras de didática que estavam atuando nas 81 escolas da rede pública da cidade de São Paulo no ano de 1988. O baixo retorno das respostas não nos possibilitou fazer um mapeamento da situação do ensino de didática na HEM, como pretendíamos. Deu-nos, porém, uma série de pistas para aprofundar a coleta e a análise dos dados dos estudos de caso.

O acompanhamento do trabalho das professoras envolveu observações de suas aulas e de várias atividades da escola, entrevista para recomposição de sua história de vida profissional, análise de material didático e aplicação de questionários a seus alunos. Os dados permitiram identificar a marca característica de cada professora e os pontos comuns de suas histórias e práticas.

Na segunda parte do capítulo fazemos uma reflexão sobre o processo de pesquisa, indicando avanços em relação aos trabalhos anteriores e apontando seus principais problemas.

Concluímos o capítulo apresentando, a título de ilustração, um dos estudos de caso realizados.

Estudos de caso de professoras de didática

Se nas pesquisas anteriores tivemos como foco de atenção principal o cotidiano do trabalho pedagógico das professoras das séries iniciais do 1º grau, deslocamos agora o nosso holofote investigativo para o professor que prepara esses mesmos professores.

Nos anos de 1987-1989 realizei, junto com a professora Ivani Fazenda, docente da PUC-SP, e com cinco alunos de pós-graduação da PUC-SP, da Feusp e da Unicamp, uma pesquisa que tinha como objetivo principal investigar os processos de construção do saber didático de professores de didática/estágio da HEM — as antigas Escolas Normais (André 1989).

Em termos específicos, procurávamos: (1) analisar as práticas pedagógicas dos professores da HEM; (2) levantar as dificuldades e os problemas que esses professores enfrentam no seu dia a dia para a realização de um trabalho coletivo; (3) analisar as representações dos professores sobre a sua prática docente, sobre o aluno, a HEM e a disciplina que lecionam; (4) identificar fatores que afetam o tipo de prática desenvolvida pelo professor.

Tínhamos nos definido pelo uso da metodologia do estudo de caso, já que pretendíamos uma análise situada e aprofundada da problemática do saber docente. Porém, ao mesmo tempo em que fazíamos uma revisão das pesquisas sobre o ensino fundamental, sentimos necessidade de realizar um estudo piloto para definir melhor nossos focos de investigação e precisar melhor nossa metodologia.

Fizemos assim um trabalho de campo em três escolas da rede pública da cidade de São Paulo nas quais foram feitas observações de aula, entrevistas com as professoras de didática, análise de documentos da escola e entrevistas com o pessoal técnico e administrativo, tendo sido aplicados questionários a todos os alunos das classes observadas.

Paralelamente à realização do trabalho de campo, a equipe de pesquisadores reunia-se sistematicamente, uma vez por semana, em seminários para estudo da literatura relacionada à formação e à prática do professor das primeiras séries do ensino fundamental e para estudo dos fundamentos e procedimentos metodológicos da pesquisa do tipo etnográfico em educação.

A análise dos resultados da fase piloto revelou a necessidade de aprofundar aspectos relativos às representações dos professores sobre a sua prática e investigar mais exaustivamente a sua história de vida profissional.

A revisão da literatura, por outro lado, indicou que os problemas, os fracassos e as dificuldades no processo de formação do professor das 1as séries já tinham sido exaustivamente descritos. Decidimos, então, continuar a nossa revisão bibliográfica centrando-nos não mais nos problemas, mas nas alternativas que vinham sendo propostas para superar tais problemas.

Com base nessas decisões, foram selecionados sete diferentes documentos-propostas elaborados por técnicos ou pesquisadores de diferentes estados da Federação — todos eles apresentando sugestões ou pistas para mudanças na formação do professor da escola básica. A análise do conteúdo dos documentos mostrou uma certa escassez de dados em relação ao aluno da HEM, isto é, sobre quem é esse aluno e como ele pensa a sua formação. Por outro lado, mostrou haver um consenso acerca da necessária competência do professor da HEM para desempenhar a sua tarefa de preparar futuros professores. Além disso, os documentos enfatizavam a importância da articulação teoria-prática na organização curricular dos cursos de formação.

Esses dados vieram corroborar nossa preocupação inicial com a questão da competência e com a relação teoria-prática. Mas também vieram chamar nossa atenção para investigar mais detidamente o aluno da HEM, em especial a sua visão sobre o próprio processo de formação.

Como havíamos decidido pela metodologia de história de vida, que iria levar-nos ao estudo de uma pequena amostra, decidimos realizar, ao mesmo tempo, um *survey* a respeito dos professores de didática/estágio que estavam atuando nas escolas públicas de São Paulo no ano de 1988. O objetivo desse mapeamento era conhecer de forma bem extensiva quem é esse professor em termos de formação, experiência e situação funcional, quais as suas representações sobre o aluno, a educação, a HEM e a disciplina que leciona e como desenvolve o seu trabalho docente. Enviamos, para isso, um questionário às 81 escolas da rede municipal e estadual que ofereciam a HEM em 1988. Dessas, apenas 13 responderam à solicitação, o que limitou sobremaneira a análise global das informações, muito embora ainda tivéssemos obtido elementos para a estruturação da próxima etapa da pesquisa.

O baixo retorno dos questionários levou-nos a uma reflexão acerca da forma de conduzir esse tipo de levantamento. Se, por um lado, nós nos preocupamos com a técnica de elaboração do questionário, com seu pré-teste e sua reformulação, acreditando que esses cuidados seriam suficientes, por outro lado, descuidamo-nos de sua forma de aplicação. Enviamos os questionários, por via postal, aos diretores das escolas, acompanhados de envelope selado para resposta e solicitamos o encaminhamento aos professores de didática. Soubemos, mais tarde, que muitos dos professores nem chegaram a receber o questionário. Soubemos ainda que alguns que o receberam decidiram esquecê-lo, pois, como disse uma dessas professoras,"a gente recebe tanto papel para preencher...".

Essa foi uma lição importante da pesquisa: se quisermos realmente usar o levantamento tipo *survey* para conhecer mais amplamente uma problemática, para ter dela uma visão mais horizontal, nós precisamos não só cuidar da elaboração do instrumento, mas também da forma de aplicá-lo. É muito provável que, se tivéssemos ido pessoalmente às escolas para explicar seu objetivo e acompanhar sua aplicação, tivéssemos tido mais sucesso no número de retornos, assim como na qualidade das respostas obtidas.

Ao mesmo tempo em que realizávamos o mapeamento da situação do ensino de didática na HEM, dávamos início aos estudos de caso de cinco professoras de didática/estágio, conhecidas como "ótimas" professoras. A escolha dessas profissionais deveu-se a indicações dos seus pares, isto é, pedimos a vários professores que nos indicassem colegas que fossem considerados bons professores tanto por parte dos alunos quanto dos diretores e demais colegas. Além disso, levamos em conta a disponibilidade para participarem da pesquisa.

Tivemos, sem muita demora, a indicação de cinco professoras que aceitaram fazer parte do estudo e receber um dos pesquisadores em suas aulas, o qual durante quase um ano acompanhou a sua programação, registrando a dinâmica e o conteúdo das aulas, as atividades extraclasse, as formas de avaliação e as interações professora-alunos.

Após um longo período de convivência com o observador, a professora era convidada para uma entrevista com toda a equipe. Esta acontecia na universidade (USP ou PUC), tinha a duração de duas a três horas e, embora a equipe seguisse um roteiro básico, procurava deixar a entrevistada bem à vontade para que pudesse falar sobre sua história de vida e sua prática profissional. A entrevista incluía tópicos bem gerais como a origem familiar, o processo de escolaridade, a escolha do magistério e a opção pela didática. Um membro da equipe ficava encarregado da condução da entrevista, mas todos podiam participar no momento em que quisessem. Uma ou duas pessoas faziam anotações, embora as entrevistas fossem gravadas. Decidimos pelas anotações porque tivemos problema na gravação da primeira entrevista e perdemos algumas informações.

A análise de cada entrevista também foi feita em conjunto, depois de algumas tentativas de trabalho individual ou em duplas. O processo de análise tornou-se assim muito longo, mas indubitavelmente muito rico. O material usado para a análise de cada entrevista incluiu a transcrição e as anotações feitas no momento do contato pessoal. Também foi necessário ouvir as gravações para complementar a análise, pois muitas afirmações só ficavam mais claras quando se levavam em conta a entonação, as pausas, as reticências que as acompanhavam.

O período de análise foi, assim, muitíssimo mais demorado do que se esperava. E aqui vai uma outra lição tirada dessa pesquisa: para que se possa realmente explorar esse tipo de dado, é preciso reservar um longo período para transcrição e análise do material, sob pena de comprometer totalmente o seu conteúdo.

Mesmo que já dispuséssemos de um grande volume de dados, faltava-nos um outro ângulo de visão da prática da professora, ou seja, o de seus alunos. Organizamos e aplicamos, para isso, questionários semi-abertos aos seus alunos, num total aproximado de 185, nos quais solicitávamos dados de caracterização pessoal e a opinião sobre a forma de condução dos estágios pela professora, sobre a coerência entre o seu discurso e a sua prática e sobre o ensino de maneira geral, principalmente em relação à integração teoria-prática. Os dados do questionário em grande medida confirmaram nossas observações e análises.

Cada caso foi relatado separadamente, levando em conta os dados de observação, entrevista e opinião dos alunos. Ficou evidente, como em outros estudos, que não há um modelo único de professor bem-sucedido, mas a competência se expressa de forma diferente em cada sujeito-professor. Foi possível, outrossim, identificar a marca pessoal de cada professora e ao mesmo tempo fazer uma discussão de elementos comuns a todas elas.

Em uma das professoras encontramos como marca fundamental a busca constante do equilíbrio, que se expressava na tentativa de dosar teoria e prática, afetividade e cognição, conteúdo e método, suavidade e firmeza, sentimento e pensamento.

Em outra professora detectamos como característica básica a ousadia do novo, que implicava uma total reconceptualização do ensino e das relações de sala de aula. Usando técnicas psicodramáticas, ela procurava resgatar as experiências sociais das alunas, levando-as a confrontá-las com os conteúdos do curso, de onde eram geradas as sínteses pessoais.

A marca característica da terceira professora era sua preocupação com a instrumentalização técnica das alunas, com o saber fazer. Tomando como parâmetro sua própria experiência profissional, ela tentava antecipar tudo o que as alunas poderiam precisar futuramente em suas práticas de sala de aula.

A quarta professora, recém-formada, apresentava indícios de uma competência em construção. Planejava cuidadosamente suas aulas, preocupava-se com a escrita das alunas, cobrava rigorosamente as leituras, utilizava formas de avaliação participativa.

A quinta professora pode ser caracterizada como a falsa competência. Famosa por seu envolvimento na campanha em favor da escola pública e em outros movimentos de professores e se considerando ela mesma uma ótima professora, seu trabalho de sala de aula, no entanto, indicou uma série de fragilidades, principalmente em relação ao conteúdo de didática. Constatamos incorreções e distorções em vários conceitos discutidos em sala de aula, o que nos levou a confirmar a formação precária e deficiente que a própria professora enfatizou ter tido e que, tudo nos leva a crer, não foi jamais superada.

Constatamos que as marcas comuns às professoras competentes não divergem muito das identificadas em outros estudos (Dias da Silva 1992): o desejo de se aperfeiçoar cada vez mais; o domínio dos conteúdos, das técnicas e dos métodos de ensino; a consideração do universo cultural dos alunos; o estímulo à produção de conhecimentos por parte dos alunos; a coerência entre o que propõem, como desenvolvem seu trabalho e como avaliam; e a visão crítica do ensino, da escola e das condições de trabalho.

Essa constatação, porém, é muito importante, pois à medida que houver reiteração de resultados de um estudo para outro, ficaremos mais confiantes em considerá-los como núcleos centrais de preocupação nos programas de formação e aperfeiçoamento de professores.

Por outro lado, os resultados de nosso estudo indicaram que há pelo menos três determinantes fundamentais que afetam o processo de construção da competência docente. De um lado coloca-se o *ambiente familiar/cultural* em que o professor cresceu e desenvolveu-se, isto é, valores, hábitos, crenças, costumes adquiridos, o sexo, a classe social a que pertence, os modelos com que conviveu, os tipos de experiências a que foi exposto. Por outro lado também se mostra muito relevante o *processo de escolarização* pelo qual passou — quando se deu a formação, em que tipo de instituição ela teve lugar, quem foram os seus professores. Têm ainda um peso bastante grande na competência construída o *ambiente de trabalho* em que o professor desenvolveu sua prática docente, os papéis e funções desempenhados e os desafios enfrentados.

Cada indivíduo caracteriza-se, assim, por uma identidade pessoal/social, uma marca que o distingue dos outros indivíduos e que o leva a buscar certos objetivos. Mas essa identidade muda, amplia-se, transforma-se em decorrência do momento, da cultura e de todo o ambiente social, político, religioso e econômico que o rodeia. Esse contexto que o cerca apresenta dados que concorrem ou se opõem à consecução de seus objetivos.

Assim, observamos que, se de um lado as cinco professoras estudadas enfatizam a importância do trabalho coletivo, da troca de experiências com os seus pares, por outro lado elas lamentam e criticam os obstáculos — a maioria institucionais — que elas encontram no seu dia a dia para a concretização desses projetos. Ao mesmo tempo em que todas elas revelaram o gosto por saber, por aperfeiçoar-se cada vez mais, elas também enfatizaram as dificuldades que têm que ultrapassar diariamente para se manter atualizadas e para desenvolver um trabalho de sala de aula que fuja à rotina, à repetitividade, ao ensino convencional.

Há, assim, implicações diretas dos resultados da pesquisa para a problemática da formação do professor: se por um lado pouco se pode fazer em termos do ambiente familiar e cultural que cerca o professor (embora saibamos que afeta o processo de construção de sua identidade pessoal), por outro lado há muito que ser feito em termos do seu processo de escolarização e de suas experiências profissionais.

Nesse sentido, cabe às instituições responsáveis pela formação — as universidades e os cursos de ensino médio — decidir o que e o quanto elas podem e desejam fazer nessa direção.

Cabe também aos órgãos responsáveis pela política de aperfeiçoamento dos docentes um importante papel no sentido de repensar as formas com que vêm implementando essa política e fazer as correções e reformulações necessárias.

Reflexões sobre o processo de pesquisa

Pensando agora nas diferenças entre essa pesquisa e as anteriores, destacamos em primeiro lugar uma mudança no enfoque. Se nas anteriores nosso interesse direto era o trabalho do professor das séries iniciais do ensino fundamental, nesta priorizamos as práticas do professor que prepara o futuro docente do ensino fundamental. Outra mudança no enfoque foi a escolha da disciplina didática, o que possibilitou uma análise mais consistente do conteúdo das aulas, dos planos e do material didático dos professores, já que essa é a área de especialização da pesquisadora.

Uma segunda diferença em relação aos trabalhos anteriores foi o uso da metodologia de história de vida que, sem dúvida, nos ajudou a chegar mais fundo na investigação dos fatores que afetam a construção da competência do professor. Já havíamos constatado que a metodologia usada, tanto em nossos estudos sobre os professores bem-sucedidos quanto nos de outros pesquisadores, deixava questões muito importantes sem resposta, como por exemplo as razões que levam esses professores a desenvolver um tipo de prática diferenciada das de seus pares. Foi com essa intenção que empregamos a metodologia de história de vida nos estudos de caso aqui reportados e acreditamos que houve ganhos tanto teóricos — relacionados à problemática da formação dos docentes — quanto metodológicos — pela associação das técnicas etnográficas de observação participante e de análise documental com as histórias de vida — trazendo uma contribuição significativa no sentido de treinamento e aperfeiçoamento dos pesquisadores e sugerindo caminhos de como se deve conduzir a pesquisa em educação.

Outra distinção entre essa pesquisa e as anteriores foi que nessa houve a tentativa de associação de uma metodologia qualitativa — os estudos de caso etnográficos — com uma metodologia tradicionalmente quantitativa — o levantamento do tipo *survey*.

Além de pretender chegar a um mapeamento dos cursos de didática da HEM na cidade de São Paulo, nosso propósito, ao usar o *survey*, era trazer à tona a discussão do quantitativo-qualitativo, desafiando um certo preconceito vigente, naquele momento, em relação ao uso de metodologias quantitativas (por exemplo: o *survey*). Pretendíamos mostrar que o que importa num trabalho de pesquisa é a perspectiva epistemológica, isto é, como se concebe e o que se espera do ato de conhecer. Uma vez definida a opção do pesquisador, a escolha das técnicas torna-se quase secundária, tornando viável e às vezes desejável a combinação de técnicas "quantitativas" e "qualitativas".

Lamentavelmente a forma como conduzimos o *survey* não ensejou argumentos nessa — ou em outra — direção. Isso decorreu, no entanto, de uma falha técnica dos pesquisadores, o que absolutamente não diminui a relevância de futuras tentativas.

Já que citamos um dos problemas da pesquisa, vamos apontar outros. Ao relermos os estudos de caso e as conclusões gerais do trabalho, parece evidente que deixamos de explorar o contexto institucional como um importante determinante na prática docente de cada professora. Acredito que aproveitamos bastante as informações relativas à situação de sala de aula extraídas das observações e dos depoimentos dos alunos e da própria professora. Creio que também conseguimos relacionar esses dados com fatores de natureza filosófica, epistemológica, histórica e sociopolítica quando discutimos as marcas comuns às várias professoras.

Dentro da proposição que fizemos anteriormente de que o estudo das situações do cotidiano escolar se faça em torno de pelo menos três dimensões — pedagógica, institucional e filosófica —, considero que falhamos ao termos tocado muito ligeiramente nas questões de natureza organizacional que afetam o trabalho do professor ou com ele se relacionam. Esse lapso ficou mais evidente quando, ao final do estudo, reunimos as professoras bem-sucedidas para comentar os resultados da pesquisa. Na discussão foram enfatizados os condicionantes institucionais, tanto os ligados à própria escola quanto os referentes à Secretaria da Educação e aos órgãos diretamente responsáveis pela implementação das políticas educacionais.

Essa é uma falha que precisa ser superada em futuros estudos!

Ainda como fruto da reunião com as bem-sucedidas, ao final do trabalho ficou evidente o desejo das professoras — sujeitos da pesquisa — de vencer a solidão pedagógica e se envolver em discussões com outros professores de didática, de trocar experiência e de participar mais ativamente do próprio processo de pesquisa.

Considerando esse apelo e colocando um desafio para nós mesmas — pesquisadoras em busca de um aperfeiçoamento cada vez maior e mais consistente —, decidimos que nosso próximo projeto seria uma pesquisação.

Exemplo de um estudo de caso

O caso Janete ou a ousadia do novo

O que marca fundamentalmente a história de vida profissional da professora Janete é o processo de construção de uma metodologia de trabalho, baseada no jogo psicodramático, que define e orienta o seu saber e o seu fazer didáticos.

Uma das primeiras perguntas que se pode fazer é a seguinte: De onde veio essa escolha? Ou: Qual a origem dessa opção? E para tentar respondê-la, julgamos necessário fazer uma visita ao passado, começando pela história da sua escolha profissional.

Indagada sobre os motivos que a levaram a se decidir pela profissão de professora, ela assim se expressou:

> ... eu venho de uma família que dá pra chamar de professores: mãe diretora, avó diretora, tia supervisora... Acho que foi mesmo assim indução familiar. Fazia parte da profissão das mulheres, e então, mais uma entrando...

Apesar de ser uma escolha meio induzida como ela mesma diz, o curso de magistério não a decepcionou: "Eu fiz o curso na Padre Anchieta, com a Vera Lagoa, em 70-71 e gostei, gostei mesmo".

Na época em que a professora Janete fez o curso de magistério, a escola Padre Anchieta era considerada uma das melhores, tanto assim que ela viajava todo dia do Morumbi, onde morava, até o Brás, onde ficava a escola. E foi aí, nessa escola, que ela afirmou ter encontrado uma professora que a marcou muito: a professora Vera Lagoa, de didática. E essa influência deve-se, segundo ela,

... não tanto à linha, mas ao método, à forma como ela trabalhava com a gente, à relação que ela mantinha com a gente. Acho que isso me impressionou demais. Ela explicava, mas era assim uma relação liberal, de igual para igual. Era uma coisa assim muito gostosa. Era uma pessoa maravilhosa!

Perguntamos se a relação que hoje ela mantém com os alunos na sala de aula segue mais ou menos essa linha. E ela confirmou:

> Sem dúvida, sem dúvida, aliás, eu acho que o *como* é tão importante quanto o *quê* e o *para quê*. É no como que você trabalha, que você consegue passar quase tudo.

Essa afirmação encerra um aspecto marcante da filosofia de trabalho da professora Janete e leva-nos a fazer relações com dois outros estudos, o de Cunha (1988) e o de Martins (1989). O primeiro mostra que professores considerados bem-sucedidos pelos seus alunos reconhecem a influência de antigos "bons" professores na sua prática docente atual. O segundo estudo argumenta que a escola educa mais pela forma como organiza o ensino de sala de aula do que pelos conteúdos que veicula, ou seja, aquilo que é vivido na prática é muito mais forte e duradouro do que o que é ouvido em nível de discurso.

Mas vamos retornar à história da vida profissional de Janete para encontrar outros elementos que nos ajudem a compreender a sua prática docente atual, marcada pela ousadia do novo, do não convencional.

Se os passos iniciais de sua escolha profissional parecem ter sofrido muita influência das suas condições familiares (que sem dúvida refletem a sua origem social, já que na década de 1970 o magistério ainda tinha grande prestígio, principalmente para as mulheres), os passos seguintes parecem ser fruto de decisões cada vez mais firmes e mais seguras.

É a própria professora Janete quem explica a sua caminhada nessa direção:

> Eu comecei fazendo o curso de magistério que era um bom curso. Eu gostei e era o que eu queria. Aí eu fui ser professora. Eu fui pegar São Miguel Paulista, uma escola de periferia da prefeitura. Aprendi muito lá. Depois eu fui fazer pedagogia na PUC, mas não terminei. Aí eu comecei psicologia, tranquei matrícula e depois fui fazer pedagogia por opção e terminei... Aí fui morar cinco anos fora do país. Quando voltei, continuei dando aulas de 1ª a 4ª séries e comecei a dar aula de didática...

O fato de ter assumido aulas de didática parece ter sido importante na construção da identidade profissional da professora Janete. Foi quando ela sentiu que faltava alguma coisa. Faltava, segundo ela, "todo um embasamento", e aí ela foi procurar o psicodrama pedagógico que parece ter respondido não só às suas angústias naquele momento, como também ter dado toda uma direção ao seu fazer didático.

É a própria professora quem expressa sua busca e o encontro do psicodrama pedagógico:

> Acho que a função da escola é passar esta teoria, este conhecimento formal. Mas como passar isso? E eu dizia: Como é que eu respeito a bagagem que o aluno traz, as coisas que o aluno traz, como é que eu encaixo uma coisa na outra? Aí o psicodrama me deu o como, no sentido de através da ação tirar toda uma teoria. Eu chamo ação, assim alguma coisa geradora: uma frase, um jogo, alguma coisa pra eu trazer toda a teoria, mas a partir do aluno. Acho que o que eu mais acredito no momento é na questão do equilíbrio na relação do aluno com o professor, do aluno enquanto cidadão social e político... Como ele aprendeu aquilo que eu ensinei é que é para mim fundamental. Como ele internalizou os conhecimentos, como ele conseguiu adequar aos conhecimentos dele o que eu passei...

Todo o trabalho de sala de aula da professora Janete é marcado por essa metodologia de ação. As técnicas variam, mas há um método que tem uma lógica, isto é, partindo da vivência, da prática social do aluno, a professora, com seus conhecimentos, com suas técnicas, faz o aluno confrontar suas experiências com os conteúdos sistematizados, elaborando suas conclusões, suas sínteses pessoais.

Vamos tomar então uma das aulas de Janete para ilustrar essa dinâmica de trabalho:

> O assunto da aula era a avaliação. A professora entregou, por escrito, às alunas uma definição de Nerici: "Avaliar é o aluno alcançar o objetivo do professor", perguntando como elas entendiam aquilo, devendo expressar, através de sucata, de dramatização, de mímica ou de outra forma, o seu entendimento. Em um dos grupos, uma aluna, representando o professor, subiu numa carteira com um papel onde estava escrito "objetivo" e pediu para dois colegas, representando o aluno, pegarem o papel. No momento em que esses tentavam alcançá-lo, a "professora" erguia-o um pouco mais. Ao final dessa dramatização, a professora Janete perguntou tanto aos que representavam o professor como aos que fizeram o papel de aluno, o que tinham sentido. Foram então expressos sentimentos de poder, de opressão, de autoritarismo, de impotência que a professora foi explorando até introduzir o texto de Luckesi "Avaliação educacional escolar: Para além do autoritarismo". Aí os alunos dizem "Ah, mas foi aquilo que a gente falou, mas só que com as palavras da gente...".

Os alunos parecem gostar bastante dessa forma de trabalho e indicaram como pontos positivos da aula "uma grande abertura para o diálogo"; "realizar trabalhos concretos"; "aulas dinâmicas e descontraídas"; "passa para nós ótimas ideias de dar aula". Alguns alunos (20%), no entanto, apontaram como ponto negativo da disciplina "a falta de teoria". Observando as aulas da professora e ouvindo-a falar sobre o seu trabalho, acreditamos que essa crítica advém mais de uma postura tradicional, presente no ensino da maioria dos professores desses alunos por intermédio da aula expositiva ou do livro-texto, do que realmente da prática docente da professora Janete.

Arriscamos fazer esta afirmação com base principalmente no que ouvimos e vimos no cotidiano da sala de aula dessa professora e pelo seu depoimento, por exemplo, quando ela fala de uma busca de integração entre teoria e prática:

> Se o ensino é só empiria, o aluno não consegue extrapolar. Agora se o ensino é só intelectual, o aluno não é criativo... Também na sala tem aluno que não fala. Ele não tem facilidade para falar. E ele tem que ter momentos pra expor isso. É através da escrita que você consegue... No fim de cada trabalho que eu dou, cada seis apostilas assim, eu quero um resumo. Daí eles começam: "Mas isso não tá certo, por que se a gente já discutiu"... Mas aí eu explico que tem que sistematizar.

Os alunos revelam, em seus depoimentos, que percebem uma coerência entre o que a professora diz e o que ela faz em sala de aula: 75% deles reconhecem tal coerência e assim a explicam:

> Existe porque ela trabalha muito com jogos psicodramáticos e sucata, então nós mesmos vivenciamos o que ela diz.
>
> Ela nos passa basicamente a postura que o professor deve ter em sala de aula e ela sempre teve uma boa postura perante nós.
>
> Toda teoria que ela nos passa, vejo atuando em sala de aula.
>
> Ela age exatamente como pensa e acredita e tudo condiz com a realidade do ensino.

Um pequeno grupo de alunos (10%) afirmou não existir coerência entre o discurso e a prática da professora, já que "o discurso foi positivo, mas as aulas deixaram muito a desejar". Outro grupo pequeno (10%) concorda que nem sempre há coerência "pois muitos conteúdos que ela dizia serem importantes, ela nos deu somente uma pincelada".

Um outro aspecto que nos parece revelador de uma postura coerente e competente da professora Janete na orientação e no desenvolvimento do seu trabalho docente é justamente a relação que ela estabelece entre didática e estágio. Quando lhe perguntamos como via essa relação, ela assim se expressou:

> Ah, tem que ser junto, né, que nem eu dou. Elas fazem monitoria nas escolas da prefeitura. Eu vou lá. Elas vão aprendendo, a gente discute... Bom, vou dar um exemplo assim concreto. A gente tá dando metodologia da matemática. Pego o Projeto Ipê, que eu gosto daquelas apostilas. Elas leem, a gente discute... Aí a gente junto planeja qual a melhor forma de dar soma e subtração pra criança. Aí elas aplicam, me trazem... às vezes eu assisto às aulas delas... Daí eu vejo assim o que foi fácil, o que foi difícil, qual foi a reação do aluno. Daí a gente vai trabalhando sempre o estágio e a sala de aula.

Os alunos, na sua maioria (60%), revelaram exemplos de situações do estágio em que puderam utilizar os conhecimentos adquiridos na aula de didática:

> Principalmente os jogos dramáticos.
>
> Porque com ideias renovadas, os alunos ficam mais à vontade e eles também criam muitas coisas sem que os fiquem pressionando.
>
> As crianças gostaram muito de trabalhar com sucata porque é uma experiência diferente das outras.
>
> Certo dia eu tive que corrigir um ditado e daí eu utilizei os conhecimentos adquiridos com a aula de didática.

Esse último depoimento é importante porque mostra que não somente as ideias "renovadas" foram aproveitadas no estágio, mas até as mais tradicionais, como o ditado.

Um grupo de alunos (15%) disse não ter conseguido essa integração, ou porque só fazia observação no estágio ou porque "é muito difícil agir com atitudes renovadas" ou porque "o que se via na sala de aula muito pouco tinha a ver com o que era ensinado na escola".

Mas quem é esse aluno que opina sobre o trabalho da professora Janete? Vamos deslocar um pouco o foco de nossa atenção para ele.

Os 37 alunos da professora Janete, em 1988, eram todos do sexo feminino, em sua maioria solteiros (29), com idade variando entre 17 e 40 anos, sendo a faixa etária de maior concentração entre 18 e 20 anos (23 alunas). Embora bastante jovens, 50% das alunas exercem alguma atividade remunerada, geralmente ligada ao magistério, mas a maioria delas (14) não contribui para as despesas familiares, utilizando os salários para despesas pessoais.

Quanto à origem familiar das alunas, parece haver grande variação, levando-se em conta a profissão do pai, que se distribui entre comerciante (4), motorista (3), funcionário público (3), professor (1), representante de vendas (1), aeroviário (1), advogado (3), economista (2), dentista (1), músico (1) e outros. Aproximadamente 50% das mães exercem uma profissão remunerada, destacando-se professora (5), inspetora de alunos (1), enfermeira (1), funcionária pública (1).

Segundo a professora Janete, as alunas em geral escolhem o magistério porque querem, poucas são levadas a isso por imposição dos pais. Segundo ela, de cada 30 alunas, 20 vão dar aula e as outras dez vão trabalhar em banco ou em outra função. A maioria dos alunos que vão atuar nas escolas dirige-se à rede pública de ensino, que na opinião da professora "é onde eles conseguem". Ela diz ainda que a clientela do curso de magistério é muito heterogênea: "Tem aluna que tem chofer e tem aluno que a mãe é empregada doméstica".

A professora mostra-se bastante informada sobre as características e o destino de suas alunas. Em seu depoimento ela mencionou que mantém um registro escrito desses dados e que tem feito um acompanhamento dos alunos que terminaram o magistério.

Mas vamos voltar ao trabalho que *essa* professora *dessas* alunas realiza em sala de aula. Vamos tomar como exemplo a sua concepção e a sua prática de avaliação, por meio das quais podemos notar, mais uma vez, como se concretiza a sua metodologia de ação. Indagada sobre como realiza a avaliação da aprendizagem, ela assim se expressou:

> É alguma coisa assim, né, existem o aluno e o professor. Se eu acho que a educação é uma ação de levar alguma coisa pra alguém, essa avaliação tem que ser uma reação de como foi aprendido e o que foi aprendido. Então eu parto da bagagem do aluno. Avaliação não é um processo final pra mim. Tem alguma coisa geradora, pode ser um jogo, pode ser um ditado, pode ser uma frase. Por exemplo, quando eu vou dar planejamento, eu uso essa frase: "Não pode estar queimando, pois pela receita ainda faltam dez minutos". Daí eles trazem o que eles entenderam. Eles avaliam. É o que dá pra chamar de avaliação diagnóstica. É o conhecimento deles sobre o conteúdo que eu vou ensinar. Daí eu parto pra ensinar o conteúdo, seja uma apostila, seja uma discussão sobre planejamento, seja um texto escrito. Aí eu avalio como esse aluno entendeu tudo. De novo volta uma discussão ou um novo texto e no final disso tudo eu dou uma avaliação escrita sobre o processo todo. Normalmente é uma avaliação aberta.

Nesse exemplo é possível perceber claramente como a professora Janete realiza o confronto da prática social do aluno com os conhecimentos sistematizados, fazendo assim aquele transitar da empiria para a teoria e novamente para a empiria e assim sucessivamente.

Outra situação em que se evidencia muito claramente a tentativa de integração teoria-prática é na concepção da professora Janete sobre o estágio:

> Na medida em que os alunos trazem os problemas observados na sala de aula, a professora pode trabalhar as questões, por exemplo, de como estabelecer limites na sala de aula. É só na prática que você lida com o sim e com o não, o que eu posso e o que eu não posso fazer em sala de aula. Então quando você consegue resgatar isso em sala de aula, isso é assim um material importantíssimo e riquíssimo pra trabalhar. O trabalho de estágio é muito ligado com o da sala de aula... Na teoria eu lido com o professor ideal e na prática, com o professor real. E esse professor real não é aquele que só tem coisas negativas, mas um professor que tem um lado positivo e um negativo; é o real mesmo...

Muitos alunos (75%) mencionaram aspectos positivos em relação ao estágio supervisionado pela professora Janete. Entre outros, citaram:

> Boa orientação e paciência.
>
> Oportunidade para praticar o conteúdo adquirido.
>
> Experiência adquirida.
>
> Tínhamos chance de comprovar que a criança também aprende com sucata.
>
> Novas maneiras de dar aula.

Os pontos negativos em relação ao estágio referiam-se muito mais à estrutura estabelecida pela escola que acolhia o estagiário do que à professora:

> Muita observação e pouca regência.
>
> As estagiárias não eram bem recebidas.
>
> Os alunos não respeitam a estagiária.
>
> Os professores exploram a estagiária.
>
> Muitas professoras não gostam de estagiárias.

Houve também alguns alunos (3) que afirmaram não se sentir preparados para o estágio e outros (3) que consideraram que o estágio foi "quase nada supervisionado".

A professora Janete parece ter muito claro qual o verdadeiro papel do professor, o que talvez explique, pelo menos em parte, seu "sucesso" no desenvolvimento do trabalho em sala de aula. Quando suas alunas dizem, por exemplo: "A professora hoje em dia tem que ser psicóloga, mãe, mestre", ela responde:

> Pode parar. Quem quer ser tudo isso não vai ser nada. Se você quer ser um bom profissional, as quatro horas que você está na sua sala de aula, se você for um bom profissional, você evita até que ele vá procurar um psicólogo, evita que ele se desestruture na vida. Ser um bom profissional é ser um bom professor. Acho que ser um bom professor é lidar bem com o aluno, na relação com o aluno. Aí entra o compromisso...

Mais uma vez podemos observar uma coerência entre o que a professora Janete diz e o que ela faz, pois o que percebemos ao longo da sua vida e do seu trabalho docente é uma luta contínua para ser esse bom profissional que ela prega, vemos um compromisso que se faz e refaz a cada dia, vemos uma pessoa em construção, revendo-se, questionando-se, fazendo-se a cada dia.

No entanto, essa mesma professora, como outras boas professoras que temos encontrado, enfatiza de forma um tanto melancólica a sua solidão. Algumas vezes esta é mencionada em virtude da inexistência do trabalho coletivo na instituição escolar. É o que diz Janete:

> Acho fundamental no magistério a troca de experiência, mas não a troca de experiência como ela é feita no curso, que é uma competição, não é uma troca... Mas ter alguém que todo dia, de fato, faça uma monitoria de didática, alguém que traga essa troca de informações, porque o trabalho do professor é um trabalho isolado; você só tem *feedback* pelo teu aluno. É ótimo ter o *feedback* do teu aluno, mas há momentos que você precisa de *feedback* de outro nível... pedagógico.

E ela mesma propõe como o trabalho conjunto poderia ser efetivado:

> Como não se tem a mesma formação, seria dando filosofia, psicologia, metodologia, didática que a gente iria discutir em cima da sala de aula. Aí a gente traria o aluno como centro, como eixo, em vez de ser a matéria.

Os alunos parecem sentir também a necessidade de que os professores do curso de magistério encontrem-se, discutam, trabalhem conjuntamente. Quando perguntamos o que eles acham que poderia ser mudado na HEM, vários deles mencionaram a falta de integração:

> Deveria haver mais integração entre os professores do magistério (3 alunas).
>
> Não tem que mudar; só num aspecto: maior entrosamento dos professores para com eles mesmos (1 aluna).
>
> Deveria ser formulado um planejamento em conjunto, dos professores (1 aluna).

Além de um apelo para a necessidade de trabalho coletivo na instituição, a professora Janete também mencionou a importância da troca com outros professores da área: "Eu sinto muita falta de encontrar outros professores de didática. Não do jeito que é feito nas delegacias... Acho que seria uma delícia a gente poder trocar...".

Aí fica um apelo da professora Janete. Um apelo que nós ouvimos de outras boas professoras e que assumimos inteiramente, como uma luta a ser travada, mas uma luta que, acreditamos, trará muitos resultados produtivos.

7
PESQUISAÇÃO E A FORMAÇÃO DE PROFESSORES EM SERVIÇO

Este capítulo discute as possibilidades e os limites da pesquisação na capacitação de docentes em serviço, tomando como exemplo um projeto desenvolvido com professores de didática que estavam atuando nos Centros Específicos de Formação e Aperfeiçoamento do Magistério (Cefams) do Estado de São Paulo nos anos 1989 e 1990.

A primeira parte apresenta os antecedentes do problema e os fundamentos teórico-metodológicos da proposta de capacitação docente.

A segunda parte descreve o processo de implementação do projeto realizado pela universidade em parceria com a Secretaria de Educação do Estado de São Paulo.

Na terceira parte discuto contribuições e problemas encontrados no desenrolar da pesquisa e concluo o trabalho destacando questões e questionamentos no uso da metodologia de pesquisação.

A proposta: Uma nova estratégia de capacitação docente

No início de 1989, a professora Ivani Fazenda, da PUC-SP, e eu fomos convidadas pela Cenp/Seesp (Coordenadoria de Estudos e Normas Pedagógicas da Secretaria de Educação do Estado de São Paulo) para assessorar o projeto Cefam nas áreas de didática/prática de ensino e estágio. Decidimos fazer desse trabalho mais do que uma simples assessoria, um projeto de pesquisa, tendo como foco o desenvolvimento e a análise de um processo de capacitação de docentes em exercício nas escolas do Cefam (André e Fazenda 1991).

Poderíamos ter optado, da mesma forma que especialistas de outras áreas o fizeram, por uma forma tradicional de assessoria — fazer palestras, dar sugestões de bibliografia, elaborar novos planos e material didático — numa relação de "ajuda" ou de "suporte técnico" ao professor. Esse talvez tivesse sido o caminho mais fácil.

Preferimos, no entanto, enfrentar o desafio de realizar um trabalho coletivo. Queríamos dar um passo além na pesquisa sobre a prática docente, envolvendo mais ativamente professores — sujeitos da pesquisa — no processo da investigação. Queríamos aproveitar também a oportunidade para um pensar coletivo sobre a didática — nossa área de estudo e de atuação profissional — e para a elaboração de proposta no sentido de seu redimensionamento.

Partindo da premissa de que deve haver um isomorfismo entre o tipo de educação recebida pelo professor e a sua prática profissional futura, decidimos implementar um novo estilo de capacitação, visando a uma mudança não apenas nos conteúdos, mas nas práticas de sala de aula. Tratando-se de professores da habilitação magistério, pretendíamos dar-lhes oportunidade de passar por um processo de reflexão que os levasse a alterar suas práticas de ensino, afetando diretamente a qualidade do trabalho realizado com os futuros professores da escola básica.

Esse esquema de capacitação tem como um dos seus princípios a consideração do professor como sujeito de sua ação e não como mero executor de atividades ou técnicas. Ao se definir o professor como produtor de conhecimentos que é, julga-se necessário refletir com ele como se (re)apropriar de conhecimentos que permitam reconstruir continuamente a sua prática docente. Isso vai supor, sem dúvida, uma alteração na forma como é organizado o trabalho pedagógico na escola hoje, que tende a desvalorizar o saber do professor e que o priva de uma reflexão crítica sobre a ação escolar como um todo e sobre a sua ação em particular. Reconhece-se, desse modo, que a mudança não pode ficar só no nível do professor, mas deve se estender à unidade escolar como um todo.

O outro princípio é o mesmo que Martins (1989) utilizou na estruturação da sua pesquisa-intervenção e que diz o seguinte: no confronto entre a formação acadêmica recebida e a prática de sala de aula, o professor gera uma "didática prática", na qual podem estar contidos germes de uma prática pedagógica alternativa voltada à realidade dos alunos que frequentam a escola pública hoje. Essa "didática prática" envolve pressupostos que precisam ser explicitados, compreendidos e analisados em profundidade para que possam ser esboçadas mudanças na direção pretendida.

Com base nesses princípios delineamos a estratégia de capacitação que considera o professor como sujeito pensante, que o leva a descrever a sua prática, a problematizá-la, a refletir sobre seus fundamentos e a elaborar propostas para sua reestruturação.

A implementação da proposta: Encontros e desencontros

O processo de capacitação estendeu-se pelo período de dois anos — 1989-1990. Envolveu encontros das pesquisadoras — uma especialista na área de didática e a outra em estágio — para planejamento e avaliação das reuniões com os professores do Cefam, assim como encontros com a equipe técnica da Cenp e reuniões com assessores de várias áreas de conhecimento.

Foram feitos quatro encontros com os professores de didática (que também eram professores de prática de ensino e estágio) do Cefam ao longo desses dois anos, tendo como intermediária a Cenp, que dava todo o apoio administrativo e financeiro para que os professores se deslocassem das suas escolas e de diferentes cidades do interior para se reunir na cidade de São Paulo.

Ao primeiro encontro, que ocorreu no final de março de 1989, estiveram presentes 29 professores de didática e estágio dos 18 Cefams então implantados, além de 18 coordenadores, 18 diretores das escolas anexas ao Cefam e 21 supervisores de ensino. O objetivo desse encontro era o conhecimento mútuo dos professores e pesquisadores e a elaboração de um inventário dos principais problemas da didática. Utilizamos uma dinâmica de discussão em grupos, mas o resultado ficou altamente prejudicado pelo tamanho dos grupos e pela diversidade de interesse dos participantes.

Na avaliação do primeiro encontro ficou evidente a necessidade de realizar reuniões específicas com coordenadores, supervisores e diretores para discussão de questões administrativas; com coordenadores para planejamento pedagógico; e com os professores de didática para elaboração de proposta curricular. Essa decisão foi implementada daí em diante.

Para o segundo encontro fizemos um planejamento que foi discutido com a equipe técnica da Cenp e com alguns assessores de outras disciplinas. Esse mesmo planejamento foi submetido à apreciação dos professores de didática/estágio presentes à reunião, que ocorreu nos dias 11 e 12 de outubro de 1989. Nesse encontro foi usada uma dinâmica de trabalho que levou à elaboração de um mapeamento da realidade do ensino de didática e estágio em cada Cefam. Reunidos em pequenos grupos, os participantes fizeram uma descrição, por escrito, de suas práticas em cada Cefam e estabeleceram semelhanças e diferenças entre elas. Um quadro-síntese dessas comparações permitiu identificar tanto os aspectos positivos quanto os principais problemas e dificuldades encontrados no trabalho pedagógico dos Cefams. A principal conclusão desse balanço geral foi a necessidade de estabelecer princípios comuns para o ensino de didática e para o estágio, o que foi realizado num processo coletivo de participação de todo o grupo, no segundo dia da reunião.

No momento de avaliação desse encontro foi possível explicitar o processo de reflexão conjunta que vinha sendo tentado, fazendo com que tanto os professores da universidade quanto os da rede se unissem para buscar um objetivo comum — a (re)construção da didática e do estágio. Foi também enfatizado o resultado positivo do esforço coletivo de elaboração dos princípios norteadores da didática e do estágio.

O terceiro encontro, com dois dias de duração, só veio a ocorrer um ano após o segundo, devido a problemas políticos e administrativos que culminaram em mudanças na direção da Cenp e consequentemente numa instabilidade do próprio projeto Cefam. O grupo de participantes era agora bem maior — 45 professores, mas apenas cinco remanescentes do grupo anterior. Foi preciso então recomeçar todo o trabalho, levando novamente os professores a fazer uma descrição das práticas desenvolvidas em cada Cefam, uma análise de suas semelhanças e diferenças e a retomada dos princípios norteadores. Ao final do encontro apresentamos um esboço das propostas de didática e estágio, elaboradas com base nas discussões anteriores, e pedimos aos professores que as examinassem detidamente, pois seriam objeto de análise no próximo encontro.

O quarto e último encontro aconteceu quase dois meses após o terceiro e foi todo ele dedicado à apreciação e à crítica das propostas. A principal dificuldade apontada a respeito da proposta de didática foi a operacionalização da sequência flexível estabelecida para as unidades de conteúdo. Em relação ao estágio ficou evidente que a proposta encerrava uma concepção inovadora de estágio e que seria necessário um certo tempo de experimentação para que se pudesse avaliar sua viabilidade e sua eficácia.

Alguns participantes sugeriram pequenas mudanças, seja na forma, seja no conteúdo das propostas, mudanças essas que foram incorporadas na versão definitiva das mesmas. A Cenp encarregou-se de fazer uma impressão para ampla distribuição do material a toda a rede estadual.

Todos os participantes do quarto encontro consideraram as propostas "boas" ou "muito boas", apontando como justificativas: "coerência entre conteúdo e abordagem; bibliografia atualizada e de ótimo conteúdo; vinculação teoria e prática; adequação à realidade dos Cefams; delimitação do campo de atuação da didática; o fato de estarem fundamentadas em princípios norteadores e de darem liberdade ao professor de as adaptar à sua realidade; e a abordagem ir além dos muros da escola".

Os professores sugeriram encontros mais frequentes (35%), com mais tempo de duração (23%), de preferência no início do ano (23%) e envolvendo troca de experiência (23%). Houve várias menções à riqueza do encontro por ter propiciado "estudo e reflexão" e por ter "priorizado o estabelecimento de princípios norteadores".

Discutindo o processo de pesquisa

Fazendo agora um recuo para reanálise da pesquisa, podemos identificar dois grupos de questões que merecem exame mais detido. Um deles diz respeito ao próprio objetivo da pesquisa e o outro, à metodologia de desenvolvimento da mesma.

Como dissemos anteriormente, a pesquisa objetivou o desenvolvimento e a análise de uma estratégia de capacitação de docentes em serviço. Quisemos, portanto, testar uma nova alternativa de "treinamento" de professores, no nosso caso de professores da Habilitação Específica para o Magistério, em exercício nas escolas do Cefam.

Essa testagem mostrou por um lado que é possível e viável desenvolver estratégias de capacitação que levem os docentes a assumir um papel ativo, descrevendo a sua prática, analisando-a e sugerindo alternativas para reconstruí-la. O envolvimento dos professores nas atividades realizadas durante os encontros, as avaliações orais e escritas que fizemos durante os mesmos e a elaboração das propostas de didática e estágio são evidências de que tal objetivo foi atingido.

Por outro lado ficou evidente que esse processo de capacitação pode ocorrer no nível do coletivo. Ao darmos início a esse trabalho, tínhamos o propósito de empreender uma tarefa coletiva, seja no sentido de pensar conjuntamente as questões da didática e do estágio, seja no sentido de desencadear um processo de construção coletiva envolvendo pesquisadoras/assessoras da Cenp e professores do Cefam.

Esse processo de trabalho conjunto aconteceu em vários níveis. Um deles foi no sentido de ter duas pesquisadoras de duas diferentes instituições — Feusp e PUC-SP — e de duas áreas de especialização — didática e estágio — participando do planejamento, do desenvolvimento e da avaliação de todo o desenrolar do projeto. Outro nível foi o do envolvimento das pesquisadoras — professoras na universidade — e de professores de diferentes Cefams — cada um com suas especificidades — na elaboração conjunta de propostas comuns para o ensino de didática-estágio. Ainda uma outra tentativa do pensar conjunto deu-se no nível da Cenp — entre os assessores das disciplinas específicas da área de educação do Cefam e desses com os assessores das disciplinas do núcleo comum.

As falhas que podemos apontar no processo de implementação da estratégia decorrem basicamente da intermediação da Cenp. Houve, neste sentido, um conflito de projetos que afetou grandemente a forma de condução da estratégia.

Se, por um lado, contamos com o apoio técnico-administrativo da Cenp para viabilizar os encontros na capital — para onde vinham professores de todo o estado de São Paulo —, por outro lado, tivemos que nos submeter a toda sorte de indefinições, instabilidade e descontinuidade por que passou o órgão nesse período.

Assim, enquanto nós esperávamos uma clara definição de papéis, por parte da Cenp, sobre o que competia ao assessor e a ela própria, para facilitar nosso contato com os professores, só obtivemos indefinições.

Enquanto nossa intenção era estabelecer uma agenda e uma sistemática de encontros que garantissem a continuidade do projeto, enfrentamos interrupções e descontinuidades decorrentes de problemas políticos que sem dúvida comprometeram o processo e os resultados do trabalho.

Finalmente, nossa luta e nosso apelo para que fosse implementado um plano global de capacitação docente que, além dos encontros sistemáticos de professores por área, incluísse uma ação em cada unidade escolar e um trabalho de acompanhamento pelo conjunto de assessores jamais encontraram eco na Cenp. Os interesses político-administrativos e as preocupações com a sobrevivência do órgão e com a manutenção dos cargos sempre falaram mais alto que a nossa voz. Havia um descompasso nos projetos.

Discutindo a metodologia de pesquisação

Tratando agora de questões relativas à própria metodologia de pesquisação, há vários ângulos que poderíamos explorar. Antes, porém, de tocar em alguns aspectos mais específicos, há um questionamento básico, que surge com frequência nos debates em que está em causa a pesquisação: Em que medida se pode dizer que essa é realmente uma *pesquisa*? E mais ainda: Em que se diferencia da atividade de extensão?

O que eu poderia argumentar em resposta à primeira questão é que esse projeto nasceu de um interesse teórico-metodológico das pesquisadoras que, com fundamento na revisão da literatura pertinente, definiram claramente o problema da pesquisa: *É possível utilizar uma estratégia de capacitação em serviço que leve os docentes a se envolverem ativamente num processo coletivo de análise de suas próprias práticas e de delineamento de alternativas visando à sua reestruturação?* Além dessa clareza quanto ao objeto de estudo, nós nos preocupamos com a sistematização e o controle das informações durante todo o desenrolar da pesquisa. O controle ocorreu em vários momentos: no planejamento cuidadoso de cada uma das atividades, no registro escrito ou gravado dos encontros e na realização de inúmeras reuniões para acompanhamento e avaliação de cada atividade. A sistematização ocorreu desde o início do trabalho, quando fizemos a revisão da literatura para estruturar o problema, mas se estendeu por todo o processo. Após cada encontro com os professores, eu e a outra pesquisadora procurávamos organizar as informações colhidas e, sempre tendo em vista nosso principal objetivo, recorríamos à literatura para fundamentar nosso próximo passo. A sistematização mais abrangente e completa ocorreu quando elaboramos o relatório final do trabalho, ocasião em que recolocamos o problema da pesquisa, seus fundamentos e, em função dos mesmos, apresentamos e discutimos os resultados alcançados.

Quanto à questão de similaridade entre esse trabalho e o de extensão, o que posso dizer é que um trabalho de extensão não tem necessariamente que atender aos requisitos de sistematização, controle e fundamentação teórica como foi aqui descrito. A preocupação maior é com a ação, embora nada impeça que uma atividade de extensão seja também acompanhada de uma pesquisa, como no nosso caso.

Vamos tratar agora de alguns aspectos mais específicos da pesquisação. Um problema que não é simples nem fácil de resolver é o do registro de dados. Como garantir a obtenção de dados acurados quando se está agindo? Em nosso projeto tivemos problemas técnicos no registro das reuniões com os professores. Usamos um gravador e deixamos as fitas arquivadas na Cenp, mas jamais conseguimos localizá-las. Duas mestrandas tinham sido encarregadas do registro escrito das reuniões, mas, como estávamos confiando nas gravações, deixamos de treiná-las devidamente, e seus relatórios acabaram ficando pobres e incompletos.

A menos que usemos a gravação em vídeo, considero muito difícil o registro das situações quando se está ao mesmo tempo agindo e pesquisando. O vídeo pode parecer uma saída, mas exige equipamento, pessoal e local especializados, três elementos raríssimos nos nossos espaços habituais de pesquisa. Mas, mesmo que isso fosse possível, haveria ainda o problema de análise dos vídeos, algo que demanda muito tempo e técnicas que poucos dominam.

A solução que nos parece mais viável, se não tivermos acesso ao vídeo, é a combinação de várias fontes de registro como: colegas ou colaboradores que conheçam o objetivo da atividade e recebam treinamento sobre como fazer registros; gravadores colocados estrategicamente em vários pontos do local das reuniões; e o máximo possível de registros escritos dos próprios participantes.

Além desse, há ainda problemas relacionados à própria natureza do processo de pesquisação. Como muito claramente afirma Thiollent (1982), "... além da participação dos investigadores, a pesquisação supõe uma participação dos interessados na própria pesquisa organizada em torno de uma determinada ação" (p. 124). Essa noção apresenta um risco, segundo o mesmo autor, de uma valorização do "participacionismo", já que a questão da participação está muito sujeita a interpretações ideologizadas e equivocadas. É preciso, pois, que o pesquisador fique atento a esse risco e procure esclarecer cuidadosamente as condições de participação.

Em nosso trabalho de pesquisa tivemos que tratar dessa problemática em várias situações. Por um lado, explicitando logo de início a nossa posição de docentes da universidade. Embora nossa área de especialização fosse comum à dos participantes, em nenhum momento tentamos camuflar o nosso papel de assessoras e consequentemente de "diretoras de cena". Sempre esteve muito claro que a pergunta básica da pesquisa — É possível utilizar uma estratégia diferenciada de capacitação em serviço? — era nossa e não dos participantes. Também sempre esteve muito claro o nosso papel de dirigentes do processo, isto é, da nossa total responsabilidade pelo planejamento, pelo acompanhamento e pela avaliação do mesmo.

Os professores eram estimulados a participar, a envolver-se através de uma dinâmica de trabalho que levava a uma reflexão sobre a própria prática, a um processo de compreendê-la, analisá-la e buscar elementos para reformulá-la.

É evidente que encontramos obstáculos nesse percurso. A intermediação da Cenp fez com que muitas vezes fôssemos tomadas como representantes do órgão, o que nos fez alvo de agressões e de situações bastante difíceis e embaraçosas que exigiram de nós atitudes muito "diplomáticas".

Outra questão importante envolvida nesse tipo de pesquisa é a caracterização da ação. Que tipo de ação?, pergunta Thiollent (1982), e ele mesmo responde: "Em geral, trata-se de uma ação planejada, de uma intervenção com mudanças dentro da situação investigada" (p. 124).

No nosso caso a ação implicou, por um lado, uma estratégia de capacitação que supunha a participação ativa dos professores refletindo sobre a sua própria ação e, por outro lado, como resultado do uso dessa estratégia, a elaboração de um produto concreto — uma nova proposta para didática e estágio.

A questão da ação também não deixou de ser problemática na nossa pesquisa. Em primeiro lugar tivemos que enfrentar uma concepção já cristalizada de treinamento ou capacitação que se traduz em palestras, cursos, leituras dirigidas, o que levou os professores muitas vezes a nos cobrar "palestras", "textos", "exposições" e mesmo, seguindo o exemplo de outros assessores, uma proposta pronta. Confesso que não foi nada fácil resistir à tentação. O fato de termos muita clareza sobre a intencionalidade do projeto e a nossa crença no valor de uma estratégia dessa natureza para a melhoria da qualidade do ensino é que nos ajudava a reiterar a nossa posição e a resistir.

Uma palavra final sobre o que esperávamos ou poderíamos esperar como fruto desse processo de capacitação. O fundamento básico dessa estratégia de capacitação é o seguinte: se queremos formar um professor que seja sujeito consciente, crítico, atuante e tecnicamente competente, é preciso dar condições, na sua formação, para que ele vivencie situações que o levem a incorporar essas habilidades e esses comportamentos.

Esperamos, assim, que essas experiências e vivências os levem a alterar as suas práticas de ensino, afetando diretamente a qualidade do trabalho realizado com os futuros professores da escola básica.

Se por um lado reconhecemos o valor de tal estratégia para a melhoria da qualidade do ensino, uma vez que leva a uma reflexão profunda sobre o trabalho docente e a uma busca coletiva de modificação da própria ação, por outro lado sabemos que ela por si só não garante essa qualidade. Não podemos nos esquecer nem dos sérios problemas estruturais que enfrenta o ensino no nosso país, nem das condições institucionais/organizacionais que afetam a ação escolar diária. Não seríamos, portanto, ingênuos em acreditar que uma simples mudança no processo de capacitação docente iria isolada e mecanicamente melhorar a qualidade da educação escolar, mas também não podemos deixar de admitir o seu peso significativo na busca dessa qualidade.

8
NOVOS CAMINHOS DA ETNOGRAFIA EM EDUCAÇÃO

Em uma palestra feita na Faculdade de Educação da USP sobre os avanços do trabalho etnográfico em educação, Erickson (1993) disse que a etnografia vem evoluindo no sentido de superar uma concepção ingênua de realidade, colocando-se questões que envolvem a relação conhecimento-poder. Segundo ele, o etnógrafo não pode ser ingênuo a ponto de acreditar que seu trabalho é uma reprodução fiel do real, sendo, portanto, isento de valoração. Ao contrário, diz ele, há perguntas extremamente importantes — como: Quem gera o conhecimento? Com que interesse? Para qual uso? — que precisam ser levantadas. E ainda, o que faz um etnógrafo não é um retrato — ou uma reprodução — da realidade, mas uma interpretação, a *sua* interpretação da realidade, ou seja, a descrição etnográfica é marcada pelos traços distintivos do pesquisador — idade, sexo, cor, classe social, instrução. Não é, portanto, isenta de valor.

Questões de poder também têm emergido nas discussões recentes sobre o papel e as relações do etnógrafo no trabalho de campo, havendo uma tendência para diminuir o distanciamento pesquisador-grupo pesquisado, presente nos estudos mais tradicionais. Erickson defende uma postura cooperativa, de diálogo aberto, de modo que o objetivo da pesquisa não se limite a mostrar *o que* e *como* algo está ocorrendo, *mas também como seria possível mudar a situação, tornando-a melhor.* Se queremos mudar a escola, tornando-a fundamentalmente melhor, no sentido emancipatório, diz ele, temos que mudar as relações de poder. Temos que estabelecer relações de parceria entre pesquisador e agentes escolares.

Outra preocupação evidente nos trabalhos etnográficos é com o público, a clientela-alvo, de modo que os resultados do trabalho possam ser, de alguma forma, úteis aos indivíduos ou grupos a ele relacionados.

Esses avanços da etnografia significam uma mudança epistemológica e metodológica, já que se tenta superar — ou pelo menos diminuir — a distância entre pesquisador e grupo pesquisado e busca-se tornar o trabalho cada vez mais público, mais aberto ao escrutínio.

Tomando por base tais considerações, Erickson destaca quatro abordagens ou tendências atuais no trabalho etnográfico:

a) tornar o mais explícitas possível as evidências, ou pontos de apoio das interpretações;

b) recorrer à microetnografia, usando vídeos;

c) estimular o pesquisador prático, ou seja, envolver cada vez mais o professor na pesquisa;

d) utilizar arquivos interativos na troca de informações.

A primeira abordagem traz embutida uma preocupação com o rigor na pesquisa etnográfica, mostrando em que pressupostos e em que dados se baseou o etnógrafo para fazer as suas interpretações. Assim, o relatório da pesquisa deve trazer:

- vinhetas narrativas, incluindo descrições minuciosas de lugares, pessoas e situações observados, descrições do que as pessoas fazem e dizem no seu dia a dia e citações literais de suas falas em entrevistas, depoimentos e documentos.

- a frequência de variação dos eventos no tempo e no espaço.
- identidade clara das vozes que estão presentes no relatório, distinguindo opiniões dos informantes e do pesquisador, acentuando quando se trata de extratos de documentos ou de interpretações do pesquisador.
- opiniões, fatos, fontes divergentes deliberadamente selecionados pelo pesquisador.
- o processo de construção do relatório, tornando bem evidentes as razões das escolhas teóricas e metodológicas feitas pelo pesquisador em cada momento e para cada finalidade.

A segunda abordagem é a microetnografia ou a microanálise, tendo o vídeo como fonte primária. Distinguindo-se da etnografia em geral, o foco principal não é mais *o que* está acontecendo naquele momento, mas *como* está acontecendo. O texto-base não é mais a vinheta narrativa, mas a transcrição do vídeo. A possibilidade de ver e rever o vídeo, discutir e confrontar diferentes interpretações vai tornando a análise cada vez mais refinada, até atingir uma aproximação mais precisa ao objeto pesquisado. A combinação das tomadas de vídeo com as anotações de campo aperfeiçoa ainda mais o trabalho, favorecendo análises e interpretações mais consistentes. O vídeo por si só é o documento vivo de uma situação e como tal pode ser visto, analisado, discutido, tornando-se mais público que as anotações de campo.

A microetnografia vem sendo bastante utilizada nos últimos dois ou três anos pelos pesquisadores da área de educação e tem obtido resultados muito positivos. É uma forma muito eficaz de investigar as interações de sala de aula, os métodos de ensino, as práticas de avaliação, o trabalho docente em geral. É muito útil também para a formação do professor, seja por poder apresentar situações e procedimentos didáticos que podem ser imitados, seja por possibilitar análise e reflexão crítica sobre o próprio trabalho.

As maiores dificuldades para sua efetivação dizem respeito, em primeiro lugar, à transcrição dos vídeos, uma tarefa árdua, longa e onerosa, e, em segundo lugar, à análise dos vídeos, que exige conhecimento de técnicas especiais (como a decriptagem) e muito preparo teórico.

A terceira tendência, segundo Erickson, consiste em aproximar cada vez mais sujeito (pesquisador) e objeto pesquisado. Nessa tendência se incluem os vários tipos de pesquisação, sendo os objetos de interesse a sala de aula e o trabalho do professor. As formas diversificam-se desde aquelas em que o planejamento e a direção do estudo ficam sob a responsabilidade de um pesquisador e o professor observado atua como colaborador até aquelas em que o professor faz pesquisa centrada na sua própria prática. Entre essas duas posturas podem aparecer vários tipos de colaboração e parceria. Por exemplo, o professor pode realizar sua pesquisa com assessoria de um pesquisador experiente com quem ele vai aprender a observar, a registrar sua prática e a analisar os dados. Ou o professor pode ser um colaborador, fazendo registros diários de campo, fornecendo material, discutindo resultados com o pesquisador. Pode ainda solicitar ajuda de um pesquisador experiente em momentos específicos, como na realização de uma entrevista, no registro de sua prática, na análise dos vídeos. Erickson (1993) considera que pode haver uma estreita colaboração entre pesquisador e professor, desde que haja diálogo franco e definição clara de papéis.

Essa terceira tendência aproxima muitíssimo duas formas de pesquisa que vinham sendo tratadas isoladamente: a etnografia e a investigação-ação. Os novos caminhos parecem apontar para uma associação das duas ou para o surgimento de formas mistas, o que provavelmente será benéfico para o conhecimento na área de educação.

A quarta tendência consiste na criação de registros interativos divulgados por redes de microcomputadores. Esses registros conteriam relatos de experiências, materiais didáticos, registros de casos, descrições de inovações que seriam armazenadas e transferidas para uma rede de microcomputadores, possibilitando a troca e a interação com outros integrantes da rede. Erickson (1993) citou o exemplo de uma professora que quis colocar em rede seu trabalho bem-sucedido com crianças da Filadélfia. Outra possibilidade seria a criação de um sistema de troca de material didático, de trabalhos de alunos, de vídeos que circulariam na rede.

Essa tendência parece enfatizar a globalização da informação, abrindo dados para consulta e discussão muito ampla. Sua concretização talvez ainda leve algum tempo, principalmente em países onde o acesso aos micros ainda é bastante restrito.

De forma geral, as novas direções da pesquisa etnográfica em educação vêm sugerindo uma crescente preocupação do investigador com questões de ética e de valor relativas aos sujeitos ou aos grupos investigados e ao "consumidor" da pesquisa: enfatiza-se a necessidade de justificativa clara e objetiva das opções e das interpretações do investigador e defendem-se formas de colaboração e parceria entre pesquisador e pesquisado, expondo a críticas estruturas e relações de poder.

REFERÊNCIAS BIBLIOGRÁFICAS

ALVES, A.J. "O planejamento de pesquisas qualitativas em educação". *In: Cadernos de Pesquisa* nº 77. Maio 1991, pp. 53-61.

ANDRÉ, M.E.D.A. "Um microestudo do tempo instrucional e da estratégia da aprendizagem para o domínio". Dissertação de mestrado. Rio de Janeiro, PUC, 1976.

_____. "A abordagem etnográfica — Uma nova perspectiva na avaliação educacional". *In: Tecnologia Educacional* nº 27. 1978a, pp. 9-12.

_____. "O que dizem as pesquisas sobre a sala de aula do 1º grau?". *In: Fórum Educacional* nº 4. Out./dez. 1978b, pp. 83-91.

_____. "Um estudo da interação professor-aluno na 2ª série do 1º grau". *In: Cadernos de Pesquisa* nº 28. Mar. 1979, pp. 21-25.

_____. "Texto, contexto e significados — Algumas questões na análise de dados qualitativos". *In: Cadernos de Pesquisa* nº 45. Maio 1983, pp. 67-71.

_____. "Estudo de caso: Seu potencial em educação". *In: Cadernos de Pesquisa* nº 49. Maio 1984, pp. 51-54.

_____. "A pesquisa no cotidiano da escola e o repensar da didática". *In: Revista Educação e Sociedade* nº 27. Set. 1987, pp. 84-92.

_____. "A prática escolar na escola de 1º grau". *In*: W.A.A. *Um desafio para a didática.* São Paulo, Loyola, 1988, pp. 9-23.

_____. "O cotidiano da escola normal e a busca de um novo saber e um novo fazer didáticos". Relatório de pesquisa. Feusp/PUC-SP/CNPq, 1989.

ANDRÉ, M.E.D.A. *et alii.* "Dominação e resistência no cotidiano escolar". Relatório de pesquisa. PUC-RJ/CNPq/Inep, 1987.

_____. "Prática docente e cotidiano escolar". Relatório de pesquisa. Feusp, 1993.

ANDRÉ, M.E.D.A. e CANDAU, V.M.F. "O projeto Logos II e sua atuação junto aos professores leigos do Piauí". *In: Cadernos de Pesquisa* nº 50. Ago. 1984, pp. 22-28.

ANDRÉ, M.E.D.A. e FAZENDA, I.C.A. "Professores em serviço e cotidiano escolar: Continuando a busca de um novo saber e um novo fazer didáticos". Relatório de pesquisa. Feusp/PUC-SP/CNPq, 1991.

ANDRÉ, M.E.D.A. e MEDIANO, Z.D. "O cotidiano da escola: Elementos para a construção de uma didática fundamental". *In: Tecnologia Educacional* nº 73. Nov./dez. 1986, v.15, pp. 6-11.

APPLE, M. "Curricular form and the logic of technical control: Building the possible individual". Conferência, PUC-RJ, 1986.

ARROYO, M.G. "O princípio educativo: O trabalho ou a resistência ao trabalho?". *In: Teoria e Educação* nº 1. 1991, pp. 3-44.

BARBIER, R. *Pesquisa-ação na instituição educativa.* Rio de Janeiro, Zahar, 1985.

BECKER, H.S.; GEER, B.; HUGHES, E.C. e STRAUSS, A. *Boys in white: Students culture in medical school.* Chicago University Press, 1961.

BERGER, P.L. e LUCKMANN, T. *A construção social da realidade.* Petrópolis, Vozes, 1985.

BLUMER, H. *Symbolic interacionism: Perspective and method.* Englewood Cliffs, Prentice Hall, 1969.

BOGDAN, R. e BIKLEN, S.A. *Qualitative research for education.* Boston, Allyn e Bacon, 1982.

BOGDAN, R. e TAYLOR, S.J. *Introduction to qualitative research methods.* Nova York, John Wiley, 1975.

CARR, W. e KEMMIS, S. *Teoria crítica de la enseñanza.* Barcelona, Martinez Roca, 1988.

COELHO, M.I.L.S. "Alfabetização: Um estudo de caso — Experiências bem-sucedidas de professores da região de Campinas". Dissertação de mestrado. Campinas, Unicamp, 1989.

COREY, S.M. *Action research to improve school practice.* Nova York, Columbia University Press, 1953.

CUNHA, M.I. "A prática pedagógica do bom professor: Influências na sua educação". Tese de doutorado. Campinas, Unicamp, 1988.

DAUSTER, T. "Relativização e educação — Usos da antropologia na educação". Trabalho apresentado no XII Encontro Anual da Anpocs, outubro 1989.

DAWSON, J.A. "Qualitative research findings: What do we do to improve and estimate their validity?". Trabalho apresentado no Encontro Anual da Aera, Nova York, 1982.

DELAMONT, S. e HAMILTON, D. "Classroom research: A critique and a new approach". *In*: STUBBS, M. e DELAMONT, S. (orgs.). *Explorations in classroom observation.* Londres, John Wiley, 1976.

DIAS DA SILVA, M.H.G.F. "O professor como sujeito do fazer docente: A prática pedagógica nas 5as séries". Tese de doutorado. 1992.

ELLIOT, J. "Educational theory and the professional learning of teachers: An overview". *In*: *Cambridge Journal of Education* n° 1. 1989, v. 19, pp. 81-101.

EM ABERTO, n° 20. MEC-Inep, 1984.

ERICKSON, F. "Métodos cualitativos de investigación sobre la enseñanza". *In*: WITTROCK, M.C. (org.) *La investigación de la enseñanza.* Barcelona, Paidós, 1989, pp. 195-301.

ERICKSON, F. "Novas tendências da pesquisa etnográfica em educação". Conferência proferida na Faculdade de Educação da USP, 1993.

EVERHART, R.B. *Reading, writing and resistance*. Boston, Routledge e Kegan Paul, 1983.

EZPELETA, J. e ROCKWELL, E. *Pesquisa participante*. São Paulo, Cortez, 1986.

FALS BORDA, O. "Aspectos teóricos da pesquisa participante". *In*: BRANDÃO, C.R. (org.). *Pesquisa participante*. São Paulo, Brasiliense, 1981.

GARFINKEL, H. *Studies in ethnomethodologie*. Englewood Cliffs, Prentice Hall, 1967.

GATTI, B.A. "Pesquisa em educação: Um tema em debate". *In*: *Cadernos de Pesquisa* nº 80. Fev. 1992, pp. 106-111.

GEERTZ, C. *The interpretations of cultures*. Nova York, Basic Books, 1973.

GIROUX, H. *Teoria crítica e resistência em educação*. Petrópolis, Vozes, 1986.

GOULART, I.B. e BREGUNCI, M.G.C. "Interacionismo simbólico: Uma perspectiva psicossociológica". *In*: *Em Aberto* nº 48. Ano IX, out./dez. 1990, pp. 21-28.

GUARNIERI, M.R. "O trabalho docente nas séries iniciais de 1º grau: Elementos para a compreensão da competência no cotidiano escolar". Dissertação de mestrado. São Carlos, UFSCar, 1990.

GUBA, E.G. "Toward a methodology of naturalistic inquiry in educational evaluation". *In*: *CSE Monograph Series in Evaluation* 8. Los Angeles, California University Press, 1978.

GUBA, E.G. e LINCOLN, Y. *Effective evaluation*. São Francisco, Jossey Bass, 1981.

HAGUETTE, T.M.F. *Metodologias qualitativas na sociologia*. Petrópolis, Vozes, 1987.

HAMILTON, D. et alii (orgs.). *Beyond the numbers game*. Londres, Macmillan, 1977.

KENNY, W.R. e GROTELUESCHEN, A.D. "Making the case for case study". *In*: *Occasional Paper*, Illinois University Press, 1980.

KRAMER, S. e ANDRÉ, M.E.D.A. "Alfabetização: Um estudo de professores das camadas populares". *In*: *Revista Brasileira de Estudos Pedagógicos* nº 151. Set./dez. 1984, v. 65, pp. 523-537.

LIBÂNEO, J.C. "A prática pedagógica de professores da escola pública". Dissertação de mestrado. São Paulo, PUC, 1984.

LIJPHART, A. "Comparative politics and comparative method". In: *American Political Science Review* 65. 1971, pp. 282-294.

LINCOLN, Y. e GUBA, E.G. *Naturalistic inquiry*. Newbury Park, CA, Sage, 1985.

LUDKE, M. "Discussão do trabalho de R.E. Stake — Estudo de caso em pesquisa e avaliação educacional". In: *Educação e Seleção* nº 7. Jan./jun. 1983.

_____. "A pesquisa qualitativa e o estudo da escola". In: *Cadernos de Pesquisa* nº 49. Maio 1984, pp. 43-44.

LUDKE, M. e ANDRÉ, M.E.D.A. *Pesquisa em educação — Abordagens qualitativas*. São Paulo, EPU, 1986.

MARTINS, J. e BICUDO, M.A. *A pesquisa qualitativa em psicologia*. São Paulo, Moraes, 1989.

MARTINS, P.L.O. *Didática teórica/Didática prática: Para além do confronto*. São Paulo, Loyola, 1989.

MACROBBIE, A. *Working class girls and the culture of femininity*. Londres, Hutchinson, 1978.

MERRIAM, S.B. *Case study research in education*. San Francisco, Jossey Bass, 1988.

MILES, M.B. e HUBERMAN, A.M. *Qualitative data analysis: A sourcebook of new methods*. Newbury Park, CA, Sage, 1984.

MONTEIRO, I.A. "O que faz o fazer pedagógico — Um estudo da prática pedagógica que busca a transformação". Dissertação de mestrado. Recife, UFPE, 1992.

NÓVOA, A. (coord.). *Os professores e a sua formação*. Lisboa, Dom Quixote, 1992.

PATTON, M.Q. *Qualitative evaluation methods*. Newbury Park, CA, Sage, 1980.

PÉREZ GÓMEZ, A.I. "Calidad de la enseñanza y desarrollo profesional del docente como intelectual reflexivo". Trabalho apresentado em Rio Claro, 1995.

SERRANO, G.P. *Investigación cualitativa. Retos e interrogantes. I. Métodos*. Madri, Editorial La Muralla, 1994.

SIMON, A. e BOYER, G.E. (orgs.). "Mirrors for behavior". *In*: *Research for Better Schools*, Filadélfia, 1968.

_____. "Mirrors for behavior II". *In*: *Research for Better Schools,* Filadélfia, 1970.

SMITH, J.K. e HESHUSIUS, L. "Closing down the conversation: The end of the quantitative-qualitative debate among educational inquirers". *In*: *Educational Researcher* 14 (1). 1986, pp. 4-12.

SPRADLEY, J. *The ethnographic interview*. Nova York, Prentice Hall, 1979.

STAKE, R.E. "The case study method in social inquiry". *In*: *Educational Researcher* nº 2. Fev. 1978, vol. 7.

_____. "Case study". *In*: NISBETT, J. (org.). *Research, policy and education*. World Yearbook of Education, 1985, pp. 277-284.

_____. "Case study methods in educational research: Seeking sweet water". *In*: JAEGER, R.M. *Complementary methods in education*. Aera, 1988, pp. 253-265.

THIOLLENT, M. "Notas sobre o debate sobre a pesquisa-ação". *In*: *Serviço Social e Sociedade*. Ano IV, São Paulo, Cortez, dez. 1982.

TRIVINOS, A.N.S. *Introdução à pesquisa em ciências sociais*. São Paulo, Atlas, 1987.

WALKER, R. "The conduct of educational case study: Ethics, theory and procedures". *In*: DOCKRELL, W.B. e HAMILTON, D. *Rethinking educational research*. Londres, Hodder and Stonghton, 1980.

WAX, R. *Doing fieldwork: Warning and advice*. Chicago University Press, 1971.

WILLIS, P. *Learning to labor*. Nova York, Columbia University Press, 1977.

WOLCOTT, H.F. "Ethnographic research in education". *In*: JAEGER, R.M. *Complementary methods for research in education*. Aera, 1988, pp. 187-211.

YIN, R.K. *Case study research*. Newbury Park, CA, Sage, 1988.